놈의 픽션

놈의 픽션

삶이 당신을 배신할 때

초판인쇄 · 2014년 6월 15일
초판발행 · 2014년 6월 20일

지 은 이 · 김수지
펴 낸 이 · 배수현
디 자 인 · 김화현
제　　작 · 송재호
홍　　보 · 권재흥
출　　고 · 장보경
유　　통 · 최은빈

펴 낸 곳 · 가나북스 www.gnbooks.co.kr
출판등록 · 제393-2009-000012호
전　　화 · 031-408-8811(代)
팩　　스 · 031-501-8811

ISBN 978-89-94664-69-9(03190)

놈의 픽션

김수지 지음

삶이 당신을 배신할 때

+ 가나북스

· 목차 ·

작가의 말

　지금, 우리 민족에게는 도저히 상상조차 하기 싫은 세월호 사건으로 인하여 국민적 트라우마(Trauma) 속에 있습니다. 이제는 국민 모두가 철저히 자신을 돌아보고 세월호의 유가족들을 진심으로 위로하고, 아픔을 치유하는 일에 집중하여야 할 때라고 생각합니다.

　흔히들 정신적인 문제는 타인에게는 있을지라도 자신과는 상관이 없을 것으로 생각합니다. 하지만 아십니까? 그 수많은 OECD 가입 국가 중 자살률이 1위인 나라가 대한민국이라는 것을 말입니다.

　자살은 보통 우울한 생각, 우울한 기분에서 나옵니다. 그런데 어느 조사결과에 따르면 우울증 환자들 10명 중 7명은 자신이 우울증이 있다는 것을 인식하지 못한다는 것입니다. 때로는 우울증이 아니라 조울증 등 다른 정신적인 병일 수도 있습니다.

가장 흔한 우울증의 증상은 뜻밖에 일반적으로 많이 나타나는 것들입니다. 정신적인 스트레스나 문제가 신체적으로 나타날 때도(Psychosoma) 있습니다. 비염, 고혈압, 간질, 당뇨병, 심지어 심장마비까지 모두 정신적인 스트레스로 인해 나타날 수 있는 증상들입니다.

저는 인생이 건강한 사람들을 배신할 때의 모습을 소설로 그려

보았습니다. 갑자기 정신적으로 힘들어질 때의 모습을 드러내어 그래도 정상적인 생활을 할 수 있다는 희망을 불어넣고 싶었습니다. 부족한 글이지만 깊이 생각하며 읽고 인생이라는 놈이 지어낸 아프기에 루저(loser)라는 픽션에 속지 마시길 바랍니다.

절대로 인생이란 놈의 거짓말에 흔들리지 마십시오. 다시 한 번 말하지만, 당신은 사랑받기 위해 태어난 사람입니다.

어느 날, 어느 해

김수지

　작은 신음과 함께 당신은 손에 있는 면도기를 부러뜨린다. 부러진 면도기는 쓰레기통에 버려지고 날카로운 면도날만 당신 손바닥에 남는다. 숨을 깊게 들이마시며 당신은 그 날을 손에 세게 쥔다.

　압박. 처음에 오는 느낌은 그저 좀 강한 압박이 손목을 짓누르고 있다는 것뿐이다. 순간, 뾰족한 날이 살을 파고들면서 고통에 몸서리치게 된다. 상처 입은 팔 한쪽에 따스한 피가 몰리며 당신은 다시 한 번 살아있다는 느낌을 체감한다. 연속되게 베인 상처는 더 깊어져 방울방울 맺혔던 피가 흐르기 시작한다.

　조그마한 날 하나가 당신의 팔에 상처를 입힌다. 이 작은 상처가, 이 흐르는 피가 당신의 고통스러운 삶을 조금이라도 흘려보내 주기를 당신은 소망한다.

빛. 머리가 살짝 핑 도는 것을 느끼며 당신은 커튼이 달힌 창가를 향해 걸어간다. 한 손으로는 피 묻은 날을 쥐고 다른 손으로는 닫힌 커튼을 연다. 미처 밖을 제대로 내다보기도 전에 현기증을 느끼며 당신은 커튼을 잡은 손을 놓는다. 커튼에 뜨겁게 흐르는 피가 묻는다. 다시 한 번 힘을 내어 당신은 커튼에 피가 묻든 말든 신경 쓰지 않고 밖을 내다보려 애쓴다. 노란 강물이 흐르는 모습과 노래지는 하늘을 본 당신은 바닥에 털썩 주저앉는다.

잠깐에 당신은 노란 강물을 둘러싼 교통체증을 보았고 노란 햇빛 아래 짜증 부리는 길거리 행인들을 보았다. 그들에게는 있고 당신에게는 없는 것이 있다. 바로 삶. 피가 멈추지를 않는다. 점점 흐릿해지는 세상을 뚫어지라 바라보며 애쓰다 당신은 바닥에 종이가 구겨지듯 엎어진다.

어지러웠던 세상은 시간의 흐름에 따라 회복된다. 상처는 일자로 아물고 투명해진다. 일어나려 하던 당신은 아직 힘에 부친다고 느끼고 침대 다리에 기대어 앉는다.

무의미한 시간이 또다시 흐른다.

"예나야!" 바깥세상이 부른다.

엄마의 목소리다. 당신은 깊은 한숨을 내쉬며 바닥에서 일어난다. 잠긴 문을 열려다가 팔에 묻어있는 핏자국을 발견한다. 뱀에게 감긴 듯 빨간 선이 팔을 감고 있다. 당신도 모르게 짜증을 부리며 당신은 화장실을 향한다. 화장실에서 휴지 몇 장 뜯어 물에 적신 당신은 열심히 핏자국을 닦아낸다. 당신만의 비밀이랄까? 아무도, 절대 아무도 모르는 당신의 비밀은 바로 이

것이다.

　당신의 세상은 인생이란 놈의 손에 놀아나는 곳이다. 고통에서 오히려 쾌감을 발견하고 행복이란 생소한 그런 곳이다. 사랑을 모르는 당신을 위해 신이 예비한 미래가 있다는 것을 당신은 아직 모른다.

1장

다른 마음에 답하지 않는
그의 마음은
시든다.

"접속되지 않습니다."

아이팟 터치(iPod Touch)를 한 손에 든 채 당신은 침대에 앉아있다. 스크린에서 접속을 거절하는 메시지가 뜨자 당신은 아이팟(iPod)을 던져 버린다. 인터넷이 되질 않아 페이스북(Facebook)을 할 수가 없다. 남의 행복한 삶을 엿보는데 많은 시간을 할애하던 당신은 인터넷이 끊기자 정신이 반쯤 나간 사람 같다. 지루하게 시간이 지나고 당신은 계속 넋 놓으며 침대에서 뒹굴다. 당신은 집에서 더 흥미로운 일이 일어나기를 바란다.

40일. 당신이 학교에 간지 벌써 40일이 지났다. 올해 열아홉인 당신은 집에 쌓아둔 교과서와 함께 학교에 가 있어야 마땅하지만, 당신은 집에 있기를 택했다. 다만, 이렇게 집에 자신을 스스로 가둬놓는 것이 얼마나 고통스러울지는 몰랐을 뿐이다.

  아주 먼 옛날
  난 천국에 있었죠

  내 나이 열아홉
  이 땅에 있네요

  어제는 같은 반 아이들이 돌아오라며 반에서 모은 기금으로 산 과일 한
바구니를 놓고 갔다. 국어 선생님은 당신이 가장 뛰어난 학생이라며 돌아
오라는 손 편지도 학생들 편에 보내셨다. 하지만 당신은 꿈쩍도 하지 않는
다. 돌부처가 된 마냥 선생님의 안타까워하는 편지에도 눈물 한 방울 흘리
지 않는다.
  고등학교 생활의 마지막 악장을 장식하는 이 해에 당신은 행복도 꿈도 없
어져 버렸다. 추억할만한 친구들도 선생님들도 수업도 존재하지 않는다.

  목적 없는 온라인 항해를 하며
  친구 없는 메신저를 켜둔 채

  난 부르짖죠

나의 고독한 이 순간에
오세요

내 목소리가 공중 속의 메아리가 되기 전
답하세요

나의 공기가, 나의 기도가 되어
날 구원해 주세요

얼마나 오래 제 마음이
썩어 문드러져야 해요?

얼마나 더 긴 기간 동안
엎어져 울어야 해요?

제가 당신의 영광스런 이름을
나의 유일한 희망을
부를 때 응답해주세요

난 당신과 함께
언제나 함께

살고 싶어요

당신의 영혼이 신음을 내며 몸부림치지만, 당신은 깨닫지 못한다.

순간순간 일어났다 앉는 것을 반복하다가 당신은 즉흥적으로 거울을 쳐
다본다. 거울에 비친 당신의 모습은 그야말로 난장판이다.

화장대 앞에 앉은 당신은 40일 만의 화장을 하기 시작한다. 세수도 안 한
채 맨살에 스킨로션과 수분크림, 그 위에 밝은 톤의 비비크림을 바른다. 이
젠 눈썹 차례. 옅은 갈색 아이라이너를 사용한 당신은 짙은 갈색 마스카라
로 마무리 한다. 갈색. 당신은 갈색이 좋다. 그냥 이유 없이 좋은 것 중의 하
나다.

아침 열 시 반이 돼서야 당신은 하루를 시작할 준비가 된다. 하루라… 무
슨 하루를 말하는 건지 당신은 통 모른다. 24시간이 25시간이 되고 26시간
이 되는 당신의 일상에 하루를 언제 시작한 들 무슨 큰 의미가 있겠는가?

한숨을 내쉬며 당신은 다시 침대를 찾는다. 푹신한 것이 익숙하고 익숙함
에서 안도감이 나온다.

아이팟 터치를 찾아 뒤적거리던 당신은 노래를 찾아 튼다. 팝송을 좋아하
는 당신은 웨스트 라이프(Westlife)의 〈아이 크라이(I Cry)〉를 들으며 당
신도 모르게 눈물을 글썽인다. 우울하다.

아주 먼 옛날 당신은 괜찮았다.

아주 먼 옛날 백마 탄 왕자가 또 다른 공주를 찾아 떠날 때까지만 해도 당
신은 아주 괜찮았다.

이젠 덧없는 이야기가 됐을 뿐이다.

"예나야."

수현이 부른다. 단지 이번엔 전화 속의 음성이 아니다.

"어떻게 왔어?"

당신이 퉁명스럽게 대꾸한다.

"어머님께 여쭤보니까 네 방에 가보라고 하셔서… 괜찮아?"

"아니, 괜찮지 않아. 그런데 발은 하나 들어왔네. 아예 다 들어오지 그래."

문틈에 끼어있는 수현의 발을 본 당신은 들어오든 말든 상관 안 한다는 투로 말한다.

빙긋이 웃으며 문을 활짝 열어버린 수현은 들어오자마자 예나를 꼭 껴안아 준다.

"여긴 미국이 아니야."

수현을 밀어내며 당신이 말한다.

"왜 그래?"

"보고 싶었어."

"너라면 그랬겠지."

잠시 멋쩍은 듯 가만히 있던 수현이 호주머니에서 무엇인가를 바스락거리며 꺼낸다. 딸기 맛 막대사탕이다.

"너 가져."

말없이 사탕을 받은 당신은 수현이 당신의 빨간 소파에 자리 잡는 것을 보고 침대에 앉는다.

당신의 영혼은 수현의 눈을 찌를 듯한 생머리와 환한 웃음에 전율을 느끼지만, 영혼의 일에 무덤덤한 당신은 아무 느낌도 없다. 하긴, 영혼의 시를 짓는 환희도 당신은 함께 경험해 본 적이 없다.

수현과 당신은 시간이 물처럼 흐르는 동안 그렇게 아무 말 없이 보낸다. 수현은 가만히 당신을 바라보지만 당신의 눈은 초점을 잃은 채 천장을 향하고 있다. 하지만 그렇게 무뚝뚝한 당신도 하나의 노란 해바라기 같은 존재가 옆에 있다는 생각을 지울 수 없다.

침착한 목소리로 수현이 침묵을 깬다.

"그래서- 의사가 뭐래?"

"별말 안 했어."

귀찮다는 듯이 당신이 답한다.

"너 미쳤대? 사이코패스래?"

"아니."

수현의 농담조 있는 말에 당신은 차갑게 대답한다.

"그럼 어디 가둬놓아야 한대?"

"아니."

"조울증. 의사가 쓰는 것을 봤어."

"아."

할 말이 없어진 듯 수현이 소파에서 자리를 바꿔 눕는다.

"그럼 너 많이 슬픈 거야? 그러니까 막 우울하고 그런 거냐고?"

"그런가 봐."

긍정의 표시로 당신이 고개를 끄덕인다.

"그런데 너 뭐 들리고 한다며? 뭐가 보이기도 하고…"

"그래."

더는 할 말이 없어진 것 같던 수현이 갑자기 활기차게 팔을 휘저으며 얘기를 하기 시작한다.

"아, 그래서였구나."

심각한 표정의 수현이 깊은 생각에 빠진 것으로 보인다.

궁금해진 당신이 물어본다.

"뭐가?"

"네가 나를 막 대하고 하는 것 말이야. 나에 대해서도 환청이나 환상이 보이는 것 아냐? 막 수현이는 외계인이다. 무서운 놈이라고 말이야."

"아니."

당신은 수현의 눈물겨운 노력에도 웃지 않는다. 대신 천장에 붙여놓은 야광 별자리를 보며 에릭 클랩턴(Eric Clapton)의 〈티어즈 인 헤븐(Tears in Heaven)〉을 듣는다. 수현의 쉴 새 없는 질문과 말도 슬슬 지겨워지기 시작한다.

사실, 당신이 수현에게 말하지 않는 비밀이 있다. 지금도 소리가 들린다는 것, 헛것이 보이지는 않지만 수많은 목소리가 당신을 괴롭게 한다는 것이다.

수현이 주머니에서 껌을 하나 꺼내 씹기 시작한다. 전혀 집에 갈 생각이 없는 것 같다.

"예나야, 내가 너 사랑하는 것 알지?"

"응."

사납게 대답하려던 당신은 어찌 된 일인지 누그러진 목소리로 말한다.

"웬일이야? 당연히 욕먹을 줄 알았는데? 너 진짜 아프구나."

고개를 끄덕이며 당신은 갑작스레 차오르는 눈물을 참는다.

"저녁 먹고 가."

당신이 힘겹게 말을 잇는다.

무엇이 그리 신이 나는지 당신이 바라본 수현의 얼굴은 활짝 핀 해바라기 같다.

♦♦♦

"쟤 진짜 바보 같아."

"수능이나 제대로 칠지 몰라."

"당연히 못 치지."

"하여튼 웃긴 애야."

"웃기지도 않은 게 웃기니까 문제지. 하하."

"그만, 그만하라고!"

식은땀을 흘리며 당신이 잠에서 깬다. 꿈이면 좋을 텐데 또 목소리들이 들린다.

"거봐, 쟤 이상하다고 했지."
"정말 미친 것 아냐?"
"맞아- 쟤가-"

목소리들에 생각이 묻혀 숨조차 제대로 쉴 수 없어진 당신에게 구원의 손
길이 임한다. 바로 가족의 목소리.

"예나야! 괜찮아, 이젠 괜찮단다."
엄마의 품에 안기자 당신은 비로써 당신이 흐느끼고 있다는 것을 깨닫
는다.
"쉿- 괜찮아, 예나야."
아빠가 등을 토닥거린다.
"누나, 또 그 소리야? 그거 사실 아닌 것 알면서 그래. 괜찮아?"
동생의 목소리도 들린다.
새벽녘인데도 가족이 함께 모여 단단히 당신을 지켜준다는 것을 깨달은
당신은 그들의 사랑에 안겨 잠에 편안히 빠져든다. 아침이 온다.

• • •

밤에는 그렇게도 악랄하게 괴롭히던 목소리들이 햇빛이 비치자 벽 속으로 숨었는지 더 이상 들리지 않는다.

조용한 아침의 나라를 맞이한 당신은 며칠 전 엿들은 말들을 곱씹어 본다.

"제가 말할 수 있는 것은 예나가 많은 스트레스를 받았다는 것입니다. 최근에 스트레스 받을 일이 있었습니까?"

의사 선생님이 심각하게 물었다.

"글쎄요. 수능이 있긴 하지만 원래 공부든 뭐든 알아서 잘하는 싹싹한 아이라서… 아, 최근에 남자친구라는 아이와 헤어졌어요. 그게 그렇게 중요한가요? 병에 걸리게 할 만큼?"

엄마는 울 것 같았다.

"아니요. 그런 것은 아닙니다. 병이 오래된 것 같은데 아무래도 극도의 스트레스를 받아 터져버린 것입니다. 제가 볼 때 오랫동안 환청과 환상 그리고 기분장애에 시달려 왔는데 워낙 말씀하신 대로 생활을 잘하는 아이다 보니 일이 이 지경이 될 때까지 표가 나지 않았던 것입니다."

"그럼 어떻게 할까요? 의사 선생님, 우리 애 좀 살려주세요."

"우선 약물치료와 상담을 병행해야 합니다. 더 힘들어지면 극단적인 선택을 할 수도 있으니 절대 혼자 두지 않는 것이 좋겠습니다. 그리고 또-"

엿들었던 대화가 스치듯 지나가고 당신은 다시 한 번 방에 홀로 남겨졌다는 것을 실감할 수 있다. 외롭다.

당신은 평소에 꾸준히 해왔던 큐티(QT: Quiet Time: Devotions)를 하려 요한복음을 펼쳐본다.

영혼이 노래를 부른다.

주세요

들어 주세요

나의 갈망을

나의 고픔을

하지만 영혼의 소리는 당신의 귀에 들려오지 않는다. 으르렁거리며 당신은 성경을 덮어 버린다. 그래, 말씀이 육신을 입었다. 그런데 지금 그는 어디에 있는가?

혼자 분노를 삭이고 있을 때 엄마의 목소리가 들려온다.

"예나야? 수현이 왔다."

"잠시 기다리라고 해요."

잠옷 바람의 당신은 얼른 하얀 셔츠와 청바지로 갈아입는다. 어제도 입었던 옷들이지만 방문객은 수현이다.

잠시 후, 수현은 또다시 당신의 소파에 자리를 잡는다.

"좀 어때?"

"그저 그래."

"나랑 운동갈래? 헬스가 몸에 좋은데…"

"싫어."

"공원에서 테니스 칠래? 너 잘 치잖아."

"싫어."

"그럼 카페 가자. 내가 글 쓰러 자주 가는 곳이 있어."

"싫어, 싫어, 싫다고!"

당신이 냅다 소리 질러 버린다. 그런데도 수현은 쫄지 않는다.

"한. 예. 나. 내가 죽는 한이 있어도 널 이 방에서 끌어내고 말 거야. 어머님께도 허락 받았어. 너 오늘 나랑 안 나가면 나 자고 가도 괜찮다고."

당신은 눈을 깜빡이다가 웃고 만다. 역시 엄마다운 발상이다.

바깥세상으로 수현을 따라 나온 당신은 수현이의 중얼거림에 다시 한 번 웃게 된다.

"자고 갔어야 되는데."

수현은 당신의 소꿉친구이자 십대가 되는 순간부터 당신을 열렬히 짝사랑해 온 둘도 없는 광팬이다. 어쩌면 당신이 남자친구와 헤어졌다는 사실이 수현에게는 기쁜 소식이 될지도 모른다. 이런 우울한 생각은 떨쳐 버리고 당신은 수현을 따라 예쁜 퀼트를 진열해 놓은 카페를 찾아 걸어간다.

길을 가는 동안에도 수현은 쉴 새 없이 재잘거린다. 마치 입이 달린 해바라기 같다.

"그러니까 내가 쓰는 글은 음, 너에 관한 거야. 네가 그러니까 여주가 날 수 있게 남주가 가르쳐 주는 거야. 판타지? 액션? 뭐, 그런 거지. 아, 맞다,

그거 알아? 중국에서는 그러니까 공산당이 생기기전의 고대 중국에서는 공중 부양해서 싸우고 그러는 것을 진짜 믿었어. 너무 쿨하지?”

더 이상 듣고 있으면 같이 미칠 것 같아 당신은 길가에 있는 닭둘기를 세는데 정신을 판다. 수현은 다 좋은데 그냥 수현이라는 것이 문제다.

카페의 따스함이 몸을 감싼다. 커피 특유의 진한 향기로움이 당신을 환영한다.

“저기-”

직원으로부터 각각 리본이 달린 예쁜 메뉴를 받아 든 당신은 주문을 하려다가 머뭇거린다. 레모네이드를 주문한 수현은 갑자기 멈춰버린 당신을 보고 따스하게 손을 내민다.

소리가 난다.

“쟤 목소리가 허스키한 것 같지 않아?”

“응, 좀 유별나다.”

“섹시하네.”

“근데 좀 이상한 애 아냐? 일부러 그러는 것 같아.”

소리에 이끌려 당신은 카페 주위를 돌아본다. 하지만 카페 안에는 당신, 수현, 그리고 점원 외에는 아무도 없다. 점원이 이상하게 쳐다본다. 이를 의식한 수현이가 사태수습에 나선다.

“앤 오렌지에이드로 주세요.”

점원이 오더를 받아 카운터 뒤로 사라진 후에도 당신은 멍하니 그 자리에 서있다. 안타까운 듯 얼굴을 찡그린 수현이 당신의 팔을 잡아끈다.

"우리 푹신한데 앉자."

나무가 쓰러지듯 당신이 소파에 주저앉자 수현은 분위기를 업 시켜 보려 한다.

"웃기지 않아?"

"뭐가?"

"너도나도 열아홉인데 학교도 안 가고─"

수현이 글을 쓰겠다고 검정고시 준비를 하고 있었다.

"둘 다 커피도 안마시잖아. 우리 평생 주스만 먹고 살자. 히이."

수현의 애교 가득한 장난에도 당신은 꿈쩍도 하지 않는다. 비웃는 듯한 소리가 귀에 울린다.

주스가 오자 조용히 빨대를 깨물던 수현이 갑자기 옆으로 와 앉는다.

"음악… 필요해?"

당신이 눈물을 애써 삼키며 고개를 끄덕이자 수현이 기적을 체험하게 해준다. 자기 목에 걸고 있던 헤드폰으로 당신 귀를 덮어준다. 그리고는 당신이 가장 좋아하는 웨스트라이프의 감미로운 목소리를 들려준다. 수현이 당신의 가장 좋아하는 노래를 듣고 다닌다는 것에 놀랄 틈도 없이 폭풍우 같던 소리들이 잦아들자 당신은 눈꺼풀이 무거워지길 시작한다.

노래 볼륨이 큼에도 불구하고 수현의 단호한 말이 어디선가 들려온다.

"누가 너에 대한 욕을 하면 말만 하면 돼, 예나야. 내가 패 죽여 줄 수 있어. 이래봬도 나 공인 유단자야. 합이 십 단이라고."

하염없이 당신을 애처롭게 바라보는 수현의 눈빛도 모른 채 당신은 카페 소파에서 깊은 잠에 빠져든다.

울렁거린다. 아니 토해야 된다. 변기를 두 손으로 꽉 붙잡은 채 당신은 올라오는 구토를 주체하지 못하고 밀어낸다. 냄새가 역하다. 목이 따끔거리고 눈에 눈물이 맺힌다.

당신은 혼자다.

엄마는 아빠와 함께 장 보러 나가셨고 남동생은 학교에 갔다.

바로 그때 등을 두드리는 손에 당신은 소스라치게 놀란다. 자신이 풍기는 냄새에 울렁거려 하면서도 참고 뒤를 돌아본 당신은 수현을 알아본다.

"어떻게 들어왔어?"

건더기 같은 것이 목에 걸려 숨도 못 쉬는 와중에도 당신은 수현을 째려본다.

"어머님이 비번 가르쳐 주셨어. 너 혼자 두면 안 된다고 하시면서. 그런데 너 많이 아픈가 봐?"

대답을 하지 못 한 채 당신은 다시 한 번 구토를 한다. 역겹지도 않은지 수현의 손이 계속 등을 토닥거리는 것을 느끼며 당신은 당신도 모르게 안정감을 찾아간다.

입을 살짝 양치한 후 당신은 침대에 뻗어버린다.

영혼이 중얼거린다.

난 매일 토해내요.

스트레스를–

매일을 악몽을 헤매 듯이 살면서도

깨어나기를 두려워하는

미련한 곰이죠

주님, 제 두려움을

제 끝없는 눈물을

따스한 당신의 손으로

토닥거려

가라앉혀주세요

죽겠어요

살려주세요

　당신이 잠든 사이 수현은 거실에서 의자 하나를 가져와 당신의 머리맡 옆에 조용히 논다. 수현의 걱정스런 토닥거림을 뒤로한 채 당신은 꿈나라를 헤맨다. 검은 물결 속에서 허우적거리다가 식은땀을 흘리며 잠에서 깬다. 수현이 있다.

　"몇 시야?"

메마른 목소리로 당신이 묻는다.

"다섯 시."

수현이 담담히 답한다.

"새벽 아니야? 너 미쳤어? 아무리 그래도 넌 남자고 난 여자야!"

"오후 다섯 시야. 너 세 시간 잤어."

"아."

더 이상 할 말이 없어진 당신이 투정을 부리 듯 말한다.

"얘기해줘."

"뭘?"

"옛날얘기."

당신을 잠시 알 수 없는 눈빛으로 바라보던 수현이 얘기를 시작한다.

"아주 먼 옛날, 별을 사랑하던 한 여자가 살았어. 밤이면 밤마다 하늘을 바라보며 별자리와 별들의 이야기를 외웠지. 하루는 여자가 기도했어. 자신도 언젠가는 저 하늘에 기억될만한 이야기를 간직한 별이 되게 해달라고. 그녀의 이름은 직녀였어. 낮에는 베를 짜는 평범한 마을의 처녀였지. 별에서 영감을 얻은 그녀의 옷감은 당시 세계 최고였지. 물이 흐르듯 매일 아름다운 베를 짜내던 그녀에게 인생을 바꾸는 일이 일어났지.

여자가 남자를 만났다고나 할까. 견우라는 소몰이를 하는 아주 잘 생긴 청년이 직녀의 베를 보고 찾아갔다가 첫눈에 반한 거야. 마을 사람들에게 더흥미가 됐던 것은 여태까지 그 어떤 남자에게도 눈길을 주지 않던 직녀도 견우에게 홀린 듯 반해버렸다는 것이지. 만난 지 보름 만에 둘을 별들의 축복이 쏟아지는 밤하늘 아래서 평생을 약속했고 그 후 몇 달 동안은 행복했어. 마을 사람들의 불만이 터져 나오기 전까지는 말이야.

문제의 발단을 일이었어. 베가 짜이지 않고 소가 꼴이 먹여지지도 않았던 것이지. 견우와 직녀는 사랑놀이에 빠져 도무지 헤어 나올 가망을 보이지 않았고 말이야. 게으름을 무척이나 싫어했던 옥황상제는 한 부부의 인생을 돌이킬 수 없는 방향으로 끌어갔어. 바로 칙령을 내린 것이야.

견우는 한 별에 직녀는 또 다른 별에 귀양 보내졌고 이들의 울부짖음에도 불구하고 견우와 직녀는 각각의 별에서 맡은 일을 해야 됐어. 매일을 눈물로 보내던 그들 때문에 땅에서는 홍수가 나고 난리가 났지. 이에 어쩔 바를 모르던 옥황상제는 결단을 내렸어.

까마귀들보고 일 년에 한번씩 이 부부의 별 사이에 살아있는 다리를 만들라는 명령이었지. 이 명에 따라 까마귀 떼들이 움직였고 다리 위에서 만난 부부는 일 년에 하루를 함께 나누며 아이까지 낳았다는 설이 있어. 이들의 별이 하늘에 기록되어 알고 있겠지만 은하수가 됐어.

난 이런 사랑을 하고 싶어. 하늘과 땅이 시샘을 하고 갈라놓아도 다시 만나는 사랑 말이야."

이야기를 극적으로 마친 수현은 당신의 얼굴을 들여다본다. 다시 한 번 잠에 빠져들던 당신의 이불이 제자리에 놓여 있고 당신이 옅은 미소를 띠며 꿈나라를 헤맨다는 것을 확인한 그는 조용히 방을 나간다.

◆ ◆ ◆

달빛이 방을 환하게 비춘다. 당신의 얼굴에 묻은 눈물이 밝게 빛난다. 잠이 안 온다. 여느 날처럼 말이다. 습관처럼 찾아온 불면증은 당신을 괴롭힌다.

침대에서 내려온 당신은 방을 서성인다. 할 일도 없고 같이 대화를 나눌 사람도 없다. 그저 슬프다.

할 일 없이 방 한 가운데에 서 있던 당신은 수현이가 들려줬던 이야기를 생각한다. 사랑이라. 이야기 도중 잠들었지만 익숙한 전래동화였기에 당신은 상상할 수 있다. 견우와 직녀의 눈물을-

당신은 조용히 읊조린다.

"사랑은 정말 바보 같은 짓이야. 사람을 신뢰하게 만드는 가장 바보 중의 바보 같은 짓이란 말이야!"

두 주먹을 불끈 쥔 당신은 벽을 향해 단호히 말한다. 당신도 모르게 눈물 샘이 터진다. 흐느끼며 침대를 찾은 당신은 또 다시 밤을 눈물로 지새운다.

· · ·

아침이다. 그런데 수현의 재잘거림이 들리질 않는다. 열두 시가 다 되도록 수현의 그림자도 못 본 당신은 엄마를 찾는다. 수현의 부재가 낯설다.

"엄마, 수현이 오늘 안 온대요?"

"어머, 예나야. 수현이 교통사고 났어. 글쎄-"

엄마의 말이 끝나기도 전에 당신의 발은 현관에 달려가 있다. 눈물이 앞을 가린다.

숨을 헐떡이며 동네 응급실에 뛰어간 당신은 수현이의 침대를 찾는다.

숨이 가쁘다. 죽을 것만 같다.

수현이가, 수현이가 교통사고를 당하다니-

수현의 찌를 듯한 생머리가 눈에 띈다.

"수현아!"

"예나야! 왔네?"

수현은 멀쩡해 보인다. 다만 다리에 깁스를 하고 있다는 것 이외에는 여전히 밝은 미소를 띤 수현이다.

"야! 박수현! 너-"

말을 잊지 못하던 당신은 생각지도 못한 일을 저지르고 만다. 젖 먹던 힘을 다해 수현의 뺨을 때린다. 그리고는 울음을 터뜨린다.

가만히 자신의 맞은 뺨을 어루만지던 수현은 잠시 생각에 잠기는 듯하다. 그러더니 어디서 그런 힘이 나왔는지 당신을 침대에 앉히고 두 눈을 잠시 들여다 본 후 키스를 하기 시작한다.

뜨겁다. 당신도 모르게 당신은 키스에 반응한다. 노란 색 잠옷 바람에 삼선 슬리퍼를 끌고 왔다는 사실을 잊은 채, 당신을 괴롭혀 오던 소리들을 뒤로한 채 수현의 키스에 마음을 내맡긴다.

나를 바라보는 당신이여!

무릎을 꿇고 경배해요

나를 아름답다 칭한
당신은 나의 신

부끄러운 꽃잎을 벌려
활짝 핀 사랑을 보여요

당신을 사랑해요

2장

·

아무것도 기대하지 마라.
놀라워하며 살아가라.

손에 있는 알약 하나가 참 무겁게 느껴진다. 한예나, 당신은 벌써 4년의
세월이 흐르는 동안 A라는 약에 의존하며 살아왔다. 가끔씩 P도 복용하는
당신은 그저 수현이 남기고 간 그림자에 묻혀 살 뿐이다. 당신은 손에 든 알
약을 움켜쥔다. 박수현. 평생을 옆에 있어준 다 하던 그가, 그렇게 약속하
던 그가 세상에서 사라져버렸다. 4년이라는 시간이 흘렀지만 가슴을 찌르
는 듯한 고통은 여전하다.

수현이라는 해바라기가 그립다. 당신바라기의 환한 웃음이 보고 싶다.

당신과 수현의 마지막 산책은 병원 뜰이었다. 눈을 감으니 마치 어제인 것
처럼 생생한 광경이 떠오른다.

언제나와 같이 깁스 때문에 절뚝거리면서도 수현은 웃고 있다. 당신을 바라보는 그의 눈에는 항상 웃음기가 가득하다.

"예나야, 이리와 봐."

당신이 다가오자 수현이 불쑥 깁스한 다리를 내민다.

"뭐야-"

당신이 눈살을 찌푸리자 수현이 자세히 보라는 손짓을 한다. 세상에나. 틀림없는 수현이의 장난스런 손길로 색색의 손오공이 그려져 있다.

'아프지도 않나?'

당신의 생각이다.

"에이, 왜 그래? 멋있잖아."

수현이 당신의 손을 잡아끈다.

"만져봐, 안 아픔."

수현의 손에 이끌려 마지못해 손오공을 쓰다듬은 당신은 절레절레 고개를 흔든다.

"하여간 못 말린다니까."

"굉장하지 않아? 간호사 누나가 꼬부리지 말라 그래서 몰래 그리느라 힘들었어. 나 호 해줘."

"어디?"

마지못해 당신이 묻는다.

"엉덩이에. 쥐난 것 같아."

수현의 눈이 반짝인다.

"죽을래?"

당신이 주먹을 치켜들자 수현이 절뚝거리며 도망간다.

한참을 그렇게 놀던 수현과 당신은 잔디밭에 털썩 주저앉는다.

당신 곁으로 와 갑자기 어깨동무를 한 수현이 말한다.

"난 손오공이 좋다."

"왜?"

수현의 갑작스런 말들에도 이제 예전처럼 반응하지 않는 당신은 사랑에
빠진 여자다.

"하늘을 날 듯 공중부양도 하고… 음, 하늘에도 땅에도 있을 수 있잖아. 마
치 새와 같이… 아니, 비행기 같기도 하군."

"좀 더 재미있는 말하면 안 돼?"

당신이 툴툴거린다.

"키스는 어때?"

당신의 손이 나간다.

"윽. 알았어. 미안. 재미있는 거라고? 난 네가 이 세상에서 가장 재미없
는 여자라고 생각해."

아프다. 당신의 표정이 군자 수현이 당신의 얼굴을 따스하게 감싼다. 그
리고 똑바로 쳐다보며 말을 잇는다.

"그런데 말이야, 가장 사랑스러워."

그리고는 온전한 정신으로는 버틸 수 없을 것 같은 뜨거운 키스로 덮쳐온다. 당신이 숨을 채 들이 마시기도 전에 수현이 말한다.

　　"내가 이렇게 안 하면 네가 이렇게 안 하고 못 배길 걸? 난 잘 생겼으니까."

　　웃음을 터뜨리며 당신이 수현의 등을 친다.

　　"악. 예나야 너, 나 환자란 말이야."

　　수현이 엄살을 피운다.

• • •

　　입에 웃음을 머금고 과거를 회상하던 당신은 눈물을 뚝 떨어트린다.

　　엄살이 아니었을까? 정말 많이 아팠던 걸까? 그를 함부로 대하던 내가 결국 죽인 걸까? 노란 해바라기 같던 그는 이후 사고 후유증으로 구급차에 실렸으니까.

　　당신의 얼굴이 어두워진다.

• • •

　　"수현아! 수현아! 제발 일어나! 수현아!"

　　당신이 수현이의 싸늘한 몸을 붙들고 울부짖자 구급차 대원들이 떼어놓으려고 애쓴다.

"자제하세요. 사망했습니다. 죽었다고요!"

그럴 수 없었다. 방금까지도 오후 내내 당신의 방에서 따스하게 뒹굴며 사랑을 속삭이던 그가 이렇게 허무하게 갈 수는 없었다. 사랑한다고 너무나도 사랑한다고 속삭이던 그가 갑자기 배를 잡고 뒹굴기 시작하기 전까지는 모든 것이 천국의 한 장면 같았다.

"왜 그래?"

"끙. 좀 아프네. 왜 이러지? 미안해 예나야, 나 집에 좀 가봐야겠어."

현관까지 겨우겨우 움직이던 그가 피를 토하자 그때서야 당신은 정신없이 119를 불렀다.

그리고 사망. 너무나도 허무했다.

• • •

"너무 일찍 갔어."

"불쌍하다."

"잘 어울렸는데 말이야."

환청조차 자신을 위로하는 것 같아 당신은 정신나간 여자처럼 소리 지르기 시작한다.

"악! 아니야 아니라고. 우리 수현이 살아있어. 박수현 살아있다고!!!"

소리치면서도 그것이 공허한 메아리가 되어 아파트를 채운다는 것을 아는 당신은 마음이 괴로울 뿐이다. 이렇게 가끔씩 아니 자주 발작 일으키듯 지르는 소리에 옆집이 뭐라 한 것도 당신을 멈추게 하지는 못한다.

4년이라는 세월이 흐르는 사이에 당신은 서초동으로 이사 왔다. 디자인에 달란트가 있는지 손님들이 몰려 카드를 전문적으로 카드 디자인 숍을 차리다 보니 강남까지 흘러오게 된 것이다. 사무실은 필요 없지만 그래도 가끔씩 상담을 청하는 고객 때문에 이리 집을 옮기게 된 것이다.

그런데 마음은 여전히 아프다. 수현의 기억을 떠나 목동을 떠난 것도 오래인데 도무지 잊히지가 않는다.

'나 어떻게 하라고!'

마음속의 당신이 울부짖는다. 그립다. 너무나도 보고 싶다. 첫 사랑은 아니지만 인생의 마지막 사랑이 됐어야 할 그가 떠났다. 그것도 잡을 수 없는 곳으로-

숨이 쉬어지지 않는다. 호흡이 가파르게 오르자 당신은 안정을 유도한다. 들이마시고 내쉬고 들이마시고 내쉬고. 눈물샘이 말랐는지 당신은 더 이상 울지를 않는다. 단지 숨을 쉬는데 사력을 드릴 뿐이다. 수현이 떠난 후 가끔씩 이런다. 숨을 못 쉴 정도의 아픔이 바오밥 나무처럼 마음 속 깊이 뿌리 밖에 자라고 있는 것만 같다.

"오 하나님."

숨이 쉬어진다. 당신은 헐떡거리며 말을 잇는다.

"도와주세요. 제발"

당신의 기도가 메아리 쳐 하늘로 올라간다. 영혼이 간절함에 사무친 듯 뛰어오른다. 언제나 당신은 영혼의 깊은 갈망을 못 알아차린다. 다만 외로이 또 공허하게 벽을 뚫어져라 쳐다 볼 뿐이다.

• • •

주말이 지났다. 또 새로운 한 주간이 시작된다. 바쁘게 웨딩카드를 디자인하던 당신은 화이트 배경 속에 비친 당신을 본다. 초췌하다. 틈만 나면 멍때리거나 우는 당신의 얼굴은 이십 대 초반의 얼굴이라 하기에는 어딘가 슬프다. 깊은 슬픔을 삼키며 당신이 떠올린 것은 동그랗게 어제나 맴돌다 가는 얼굴이다.

박수현

남자, 한 꽃을 사랑하다.

수현의 묘비명이다. 살아생전 진지하게 자신의 묘비명은 한예나 당신에게 바친다더니 결국 모든 것이 자기 마음대로 됐다. 추호의 거짓도 없는 그 묘비명이 당신의 심금을 더욱 울린다. 당신바라기는 짧은 일생 당신 밖에 몰랐기에 더욱 더 미안해진다. 조금 더 빨리 그 마음을 알아줬어야 하는데. 받아줬어야 하는데. 당신 자신에게 화가 난 듯 고개를 저은 당신은 창밖을 멍하니 바라본다. 비가 온다. 여행을 떠나고 싶게 만드는 계절이다.

여행. 가만히 죽은 듯이 있던 당신은 갑자기 작업 속도를 높인다. 하던 일을 마무리한 당신은 사이트에 잠시 휴업한다고 쓰고 구글 검색기를 뒤적이길 시작한다.

갈만 한 곳이 있나. 가평에 축제가 있다고 한다. 부천에는 곧 영화제가…한 참을 뒤적이듯 검색하던 당신은 해외로 눈을 돌린다. 당신의 슬픔을 웅장함으로써 또는 아름다움으로써 놀라게 할 만한 것이 없을까? 유독 한 사진이 눈에 뛴다. 성벽과 도시가 공존하는 곳. 이름도 낯설다.

치. 앙. 마. 이.

이곳에 가면 한국을, 또 여기에 묻힌 수현을 잊을 수 있을까?

영혼이 운다.

나는 매 순간 시들어가는 존재

죽음에게 다가서고 있지

한걸음

두걸음

하늘의 캔버스에 해가 색칠을 한다. 죽어가면서 내뿜은 피가 밤하늘을 온통 새빨갛게 칠한다. 하늘의 해가 맞는 극적인 죽음에 당신은 검색을 멈춘다. 이상하리만큼 아름답다. 죽음이 친근하다.

수현이 토해낸 피도 그랬지. 붉은 선혈은 내뱉은 그가 쓰러지기 전에 한 말. 아직도 마음 속 깊이 간직한다.

"어, 어지럽네. 왜 이러지? 이러면 안 돼. 예나 너를 힘들게 하면 안 돼."

기억 속의 수현이 미처 사라지기도 전에 당신은 절망의 비명을 지른다.

"수현아!"

아픔에 부메랑이 되어 돌아온다. 숨을 세게 들이마신 당신은 검색을 마친다. 치앙마이를 향하는 티켓 예매를 마친 당신의 손이 부들부들 떨린다.

잊을 수 있겠지? 잊을 수 있을까?

수현의 따스하고도 하얀 손이 생각난다. 눈을 질끈 감은 당신의 귀에는 수현의 위로하는 말들이 벌이 꽃을 떠나지 못 하듯 맴돈다.

벌써 4년이다. 당신은 마음을 다시 한 번 다잡는다. 데이트 신청이란 것은 모조리 매몰차게 거절하던 당신, 교과서를 눈물로 메우던 당신, 벚꽃 축제를 혼자 가 마치 옆에 사람이 있듯 중얼거리던 당신, 수현이 남기고 간 인형이며 사탕이며 책이며 언제나 부둥켜안고 자는 당신. 이제는 익숙한 것들과의 이별이다.

수현아, 잘 가.

당신의 옛 사랑이 되어야 하는 수현을 보내려 당신은 발버둥친다. 그래, 비행기에 오르는 거야. 설마, 하늘을 가르고 가는 당신까지 수현이 따라오지는 못 하겠지?

아픈 마음이란 것을 뒤로 하고 싶은 당신은 비행기 일정을 프린트 한 채 종이를 적시는 눈물을 흘린다.

그리고는 샤워를 하러 가서《브리젯 존스 다이어리》에 나왔던〈올 바이 마이 셀프〉를 흐느낀다. 고음처리가 되지는 않고 가사를 눈물과 함께 삼키던 당신은 어서 출발날짜가 오기를 바란다.

．．．

치앙마이 공항은 별로 번잡하지 않다. 쓰레기통이 투명하다는 것 이외에 별로 생소할 것도 없다. 아, 언어가 다르다. 알 수 없는 말들이 곳곳에서 들리지만 당신에게는 왠지 상관없는 일처럼 느껴진다. 붕 뜬 기분으로 가이드를 찾던 당신은 당신이 여행 패키지로 오지 않았다는 사실을 깨닫는다. 무작정 비행기에 오른 것 뿐 사실 아는 사람도 갈 곳도 없다.

어떤 아가씨가 앞에 서있기에 다가서던 당신은 놀란다. 아가씨라고 하기에는 우락부락한 얼굴과 긴 생머리에 어울리지 않는 목젖이 보이기 때문이다.

"무엇을 도와드릴까요?"

그 아가씨가 아닌 남자가 굵직한 목소리로 영어를 한다. 이상하다. 분명 치마를 입고 화장까지 짙게 했는데. 남자다.

"호텔을 찾고 있는데… 최고급으로."

당신은 중학교 때 배워둔 영어와 손짓발짓으로 의사표현을 한다.

"그렇다면 홀리데이 인이 좋겠네요. 따라와 보세요. 택시 잡아 드릴게요."

안내원인 그의 친절함에 트렌스젠더(Transgender)에 대한 경계심도 풀어진다.

"컵쿤카."

인터넷에서 검색해 본 감사하다는 인사를 하자 안내원이 활짝 웃는다. 여자든 남자든 웃는 것이 낫다.

안내원이 택시라고 부른 것은 개조된 빨간 트럭이다. 운전사 옆자리에 탄 당신은 홀리데이 인을 향해 가면서 인생의 새 출발을 기대한다.

* * *

홀리데이 인은 사성 호텔답다는 생각을 하며 당신은 푹신한 침대에 눕는다. 너무나도 부드럽고 편안하다. 잠이 금방 올 것 같아 짐은 내일 풀어야겠다는 생각을 한다.

"잘 자요."

잠결에 말을 내뱉으며 당신은 꿈나라를 향해 간다. 알지 못하는 신에게일까? 당신은 당신의 일생을 뒤집어 놓을 일들이 기다리고 있다는 것을 모른 채 코까지 골며 잔다.

* * *

꿈은 당신의 마음을 뒤흔들어 논다. 수현이 짙은 속눈썹의 아름다운 눈으로 당신을 바라보고 있다.

"쑥스러워. 왜 그래?"

당신이 가까이 다가선 수현을 밀쳐낸다.

"내가 그렇게 잘생겼니?"

수현의 장난기 가득한 목소리에 당신은 입술을 삐죽거린다.

"그냥 머리에 뭐가 붙은 것 같아서 쳐다본 것뿐인데."

"머리에 아무것도 안 붙은 것 같은데-"

수현이 놀린다.

얼굴이 새빨개진 당신이 소리친다.

"그래, 그래, 잘 생겨서 봤어. 눈이 너무 예뻐서. 나 너 눈 예쁜지 몰랐단 말이야!"

당신이 거의 울 것 같은 표정을 짓자 수현이 까불거리던 것을 멈춘다. 그리고 특유의 덮치기를 감행한다.

수현의 기습키스에 정신이 몽롱해진 당신은 밀쳐내려 하지도 않고 몸을 내 맡긴다. 수현의 한 손은 당신의 머리를 보드랍게 받쳐주고 있다. 다른 손은?

"야!"

당신의 가슴에 손을 얹으려던 수현이 깜짝 놀란다.

"만지지 말라고 했을 텐데."

당신의 손은 어느새 수현의 손을 꽉 움켜쥐고 있다.

"미안, 미안. 좀 놓아줄래?"

"아니 싫어."

"잘못했어."

"그래도 싫어."

"예나야…"

"손이 넘 부드러워."

말을 마친 당신은 수현의 입술을 한번 살짝 깨물어 준다.

수현의 상기된 웃음기가 사라지고 단지 갈망만이 남아있을 뿐이다.

"예나야, 사랑해."

"나도."

"그거 알아?"

"뭘?"

"해를 보면 네 생각이 난다."

"아니, 왜?"

"한예나, 넌… 내 삶을 비춰주는 존재니까."

◆◆◆

아름다운 광경을 뒤로한 채 당신은 흐느낌으로 깨어난다.

닫힌 커튼 사이로 해가 보인다. 다시 한 번 아침이다.

박수현을 잊으러 목동에서 서초동으로 또 한국에서 태국으로 도망친 당신은 끈질기게도 따라오는 그의 기억에 진저리가 난다. 평생을 슬픔에 빠져 지낼 자신이 없다. 그렇다. 평생이 없으면 되지 않는가?

미친 사람처럼 가방을 뒤지던 당신은 드디어 친숙한 면도기를 찾아낸다. 일회용 하늘색 면도기다. 제모를 하려고 갖고 왔지만 이제는 죽음의 사자로 돌변할 때다. 익숙한 손놀림으로 면도기를 부러뜨려 날을 뺀 당신은 당신의 하얀 손목을 들여다본다. 어렴풋이 옛 기억이 난다. 자해를 즐겨 할 때는 죽지 않을 만큼만, 위험하지 않을 만큼만 살을 가르곤 했었다. 이제는 다르다.

죽음이 더 이상 두렵지 않은 당신은 날을 손에 피가 나도록 꽉 쥔다. 이상하게도 아픔이 느껴지질 않는다. 날을 쥔 손을 다시 편 당신은 맺혀 있는 피를 들여다보다가 마음을 다잡는다.

날을 세워 손목을 한번 그어본다. 살이 까진다. 한 번 더. 두 번, 세번, 네번. 연속되게 긋자 피가 맺히기 시작한다. 당신은 느끼지 못하는 고통을 손목이 느낀다. 부르르 떠는 손목을 부여잡고 힘 있게 한번 긋는다. 피가 샘솟는다. 정신이 몽롱해지기 전 당신은 침대에 가지런히 누워 죽음을 기다린다. 더 이상의 그리움이 없는 곳을 향해 항해 하려 한다. 눈을 감은 채 피를 흘리던 당신은 어느 순간 정신을 잃는다.

그리고는 눈을 뜬다. 하얗다. 천장이 눈에 들어오기 시작한다. 어떻게 된 걸까? 그리고 순간 당신을 흠칫하게 만든 것은 화가 많이 난 듯한 수염 난 남자의 얼굴이다.

"누구?"

"그건 알 바 없고 쉬기나 해라."

너무나도 궁금한 당신은 침대에서 일어나려 하다가 손목이 하얀 손수건으로 감싸져 있다는 것을 깨닫는다. 순간 화가 치민다.

"당신이 이랬지?"

"뭘?"

"날 살려줬잖아. 이 손수건으로."

"아직 위험해. 좀 누워 있어라."

"누군데 하라 말라야?"

"네가 찾는 예수다."

"미쳤어?"

"아니, 내가 보기엔 네가 미친 것 같은데."

갑작스런 어지러움에 당신의 말문이 막히고 당신은 베개에 기대 자칭 예수라는 사람을 쳐다본다. 진짜 닮긴 닮았다. 그림에서처럼 머리가 곱실거리며 어깨까지 내려오고 수염이 나있다. 그런데 눈빛은 상상했던 것보다 더욱 강렬하다. 어쩌면 무섭다고까지 할 수 있을까? 저 사람 화가 많이 난 듯하다.

"마돈나 남자친구도 이름이 예수라던데…"

당신이 중얼거린다.

"뭐?"

저 예수라는 사람 성깔 좀 있나 보다. 당신을 잡아먹을 듯이 노려본다.

"이것 좀 마셔봐."

예수가 당신에게 물을 먹인다.

그의 카리스마에 놀란 당신은 동그란 토끼 눈을 하고 물을 꿀꺽 받아 마신다. 머리가 띵하다. 왠지 모르게 시원한 우유가 마시고 싶다.

"우유는 안 돼."

당신이 말을 꺼내기도 전에 예수가 말을 단호히 한다. 당신의 생각을 어떻게 알았는지는 의문이다. 자기 말대로 진짜 예수님이라면 모를까?

"왜요?"

당신도 모르게 존댓말을 쓴다. 이 예수라는 사람은 이상한 위압감을 준다.

"우유 마시면 졸릴 수도 있는데 지금 네 상태에서 잠이 들면 다시는 못 깨어날지도 몰라."

"잘 됐네요. 우유 주세요."

"야!"

예수가 버럭 소리를 지른다.

"내가 널 어떻게 살려놨는데 그렇게 쉽게 포기해? 너 진짜 죽고 싶어?"

예수의 눈치를 살피던 당신은 손에 깊게 베인 듯한 흉터자국을 본다. 못 자국인가?

"당신이 정말 예수님이세요?"

믿기지 않는 다는 목소리로 당신이 묻는다.

"그럼 누굴까. 당연하지."

"그럼 왜 이제 나타나요!"

당신도 모르게 버럭 소리를 질러 놓고는 다신 동그란 토끼 눈이 된다. 저 무서운 남자가 어떻게 나올까?

"좀 쉬어라. 나 잔다."

말을 마친 예수님은 호텔 소파에 누워 잠을 청한다.

참 이상한 날이다. 당신은 베개에 기대 정말 곤한 듯 자는 예수님을 바라본다. 왠지 위안이 된다. 더 이상 혼자가 아닌 듯한 이 기분은 무엇일까?

"진짜 나사렛에서 온 당신이에요?"

쿨쿨 자는 예수님을 두고 당신은 조심스레 질문한다.

손목을 감싼 손수건은 피로 얼룩져 있다. 피가 많이 멈춘 것 같기는 하다.

"그렇다면…"

당신이 흐느끼듯 내뱉는다.

"왜 이제야 나타난 거죠?"

잠든 줄만 알았던 예수가 뒤척인다. 그러더니 일어나 당신의 눈을 주시한다.

◆ ◆ ◆

2000년 전에 말씀이 육신이 됐다. 신이 사람이 된 것이다. 이 예수라는 자를 따르는 기독교라는 것은 무엇인가?

381 AD의 니케아 회의에서 기독교의 정의에 대해 내린 결론은 이러하다.

기독교인은 삼위일체 하나님을 믿는다: 아버지 하나님, 성령 하나님, 그리고 아들 하나님.

또한 기독교인은 유일한 교회, 유일한 세례, 죽은 자와 산 자의 심판, 그리고 하나님과 함께하던지 떨어져 있던지 하는 영원이라는 시간을 믿는다.

그렇다면 예수 그리스도는 누구인가? 그는 하나님의 아들로서 동정녀 마리아에게 나시고 본디오 빌라도 밑에서 고난을 당하시고 십자가에 못 박혀 죽었으나 삼일 만에 다시 사신 분이시다. 그는 죄를 용서하시되 죽은 자와 산 자를 심판하러 다시 오실 분이시다.

기독교인들은 작은 예수들로서 예수님의 가르침을 삶의 저편까지 따르려 하는 자들이다.

· · ·

예수는 잠시 당신의 눈을 마주치더니 한 숨을 쉰다. 드리고는 당신이 누워있는 자리에서는 보이지 않는 곳을 향하더니 얼마 후에 시원한 우유 한 곽을 가져온다.

당신을 주려 하는 줄 알았더니 다시 소파에 걸터앉아 우유를 꿀꺽 마시기 시작한다.

"저기……"

당신이 말을 건다.

"저도 우유 먹고 싶은데요?"

당신을 멈칫하게 하는 것은 예수의 눈빛이다. 아무래도 단단히 열 받은 것 같다.

"아예 가고 싶냐?"

말 한마디 한마디가 싸늘하다.

"네가 즐겨 부르는 노래가 〈주께 가까이〉인 줄은 알고 있지만 난 아직 널 죽게 놔둘 의향이 없다. 지금 죽는다면 넌—"

예수가 호흡을 가다듬는다.

"수현이를 영원히 만나지 못할 테니까."

갑작스런 수현의 이름에 당신이 눈물을 주르륵 흘린다.

"수, 수현이를 알아요?"

"너를 아는 만큼이나 잘 안단다. 한. 예. 나."

이 예수라는 자가 수현을 안다. 또한 당신의 이름도 안다. 가슴에서 뜨거운 것이 올라온다.

"주님—"

말을 못 잇겠다.

"하지만 예나야,"

불쌍하다는 눈빛으로 예수가 말을 한다.

"난 너의 주님은 아니란다."

왠지 모르게 하늘이 땅이 되고 땅이 하늘이 된 것 같다. 어지럽다. 주일학교 때부터 배워온 유일한 하나님이 당신의 주님이 아니라니…

목이 탄 다는 듯 우유를 마지막 한 방울까지 마신 예수는 당신을 가엾다는 눈빛으로 본다. 당신은 머리가 지끈거리기 시작하는 것을 느낀다.

"머리가 좀 아플 거야."

당신의 이마를 쓰다듬으며 예수가 말한다.

"살리려는데 네가 저항을 하더라고… 그래도 어찌됐든 살았으니 됐다,

애기야."

　엄마 그리고 수현이 말고는 당신을 애기라고 부른 적이 없는데… 아픈 마음을 부둥켜안고 당신은 예수의 눈에 눈물이 그렁그렁 맺히는 것을 바라본다.

• • •

　나의 주인은 누굴까요?
　바로 당신이지요

　나를 아프게 하는
　나를 병들게 하는

　내가 속해 있는
　당신이 나를 다스리지요

　영혼의 속삭이는 소리에 당신은 소스라치게 놀라며 깬다. 옆에는 수염이 난 남자, 아니 예수가 의자에 기대앉아서 자고 있다.
　꿈이 아니었다. 당신을 또 수현을 아는 예수라는 자가 당신이 밤새 고열에 시달릴 동안 옆을 지키고 있었다. 죽고 싶은 마음이 그의 성의를 봐서도 살아야 된다는 의무감과 싸울 때 밤새 다독여주던 것이 기억난다.

환해지는 방의 벽을 바라보다가 고개를 돌려 창문을 본 당신은 아침이 가까이 왔다는 것을 체감한다. 낯선 나라에서 맞는 첫 아침이다. 그것도 자신을 예수라고 하며 당신을 몹시도 헷갈리게 하는 남자와 함께 맞는 태국에서의 아침이다.

당신을 바라보는 눈초리에 당신은 생각을 멈춘다. 예수가 따듯한 눈으로 당신을 바라보고 있다.

"이젠 좀 괜찮을 꺼다. 아침 먹으러 나가자."

"호텔 뷔페가-"

당신도 모르게 말이 튀어나온다.

"그런 건 나중에도 실컷 먹을 수 있어. 태국에서의 첫 아침은 전통 태국 음식으로 해야지 않겠니?"

예수의 카리스마에 이끌려 고개를 끄덕인 당신은 샤워를 먼저 하겠다고 한다. 예수가 티비를 보며 기다릴 동안 당신은 화장실에서 피 묻은 몸을 깨끗이 씻어낸다. 피가 많이도 묻어 있다. 팔의 상처도 생각보다 깊어 아직도 쓰라리다. 예수가 준 새 손수건으로 손목을 감은 당신은 거울 앞에 당신의 나체를 비춰본다. 많이 야위었다. 최근에 산 청바지도 다 헐렁하다. 이러다가 점점 말라서 사라지는 것이 아닌가 하고 문득 생각해 본다. 가지고 온 여름옷이 다 크다 보니 어쩔 수 없이 원피스 하나를 꺼내 든다. 하늘하늘한 노란 색 원피스다. 예쁘다.

허리까지 오는 긴 파마머리를 말리고 나오니 예수가 동물의 왕국과 얼핏 보면 비슷한 채널을 시청하고 있다. 얼굴에는 얼핏 보면 그리움이라고 밖에 표현 할 수 없는 표정이 어려 있다.

"괜찮아요?"

"아니―"

예수가 훌쩍이며 애써 눈물을 감추려 한다.

"불쌍하지 않니?"

"뭐가요?"

점점 궁금해진다.

"저 아이들을 내가 먹고 먹히라고 창조한 게 아닌데… 함께 정답게 뛰놀 던 때가 그립구나."

당신은 할 말을 잃는다. 이 사람이 정말 창조주자 말씀이신 예수님일까?

"가자."

티비를 끄고 벌떡 일어난 예수가 당신의 손을 이끌고 호텔방을 나선다. 당신의 다친 팔이 아프지 않게 신경 쓰면서 이끈다.

한 허름한 국수집 앞에 멈춰선 예수가 안으로 들어가라고 손짓한다. 정말 낡은 실내다.

"여기 국왕도 와서 먹은 곳이야. 맛이 일품이지."

예수의 말을 들은 당신은 비좁은 식당을 다시 한 번 보게 된다. 왕까지 다녀갔다니 왠지 국수도 정말 맛있을 것 같다.

맛있다. 뜨거운 국물과 쫄깃한 면이 잘 어우러져 당신의 입맛에 맞는다. 예수는 세 그릇이나 해치운다. 국수를 먹는 예수를 보며 당신은 설마 세상 의 구세주는 아닐 것이라고 생각한다. 어떻게 만 의 왕이 당신같이 초라한

존재와 함께 식사를 할까?

마치 당신의 생각을 읽은 것처럼 예수가 당신을 흘깃 보더니 무슨 큰 비밀이라도 알고 있는 듯이 웃고 남은 국수를 먹는다. 예수. 당신과 함께하는 이가 바로 2000년 전의 그일까? 그렇다면 당신에게 무슨 볼일이 있기에 지금 나타난 것일까?

생각을 하면 입으로 내뱉고 마는 당신이 질문한다.

"예수님의 재림은 온 세상이 알 것으로 배웠는데… 당신은 누구죠?"

국수를 한 젓가락 더 먹으려던 예수가 멈추더니 젓가락을 내려놓는다.

"얘기를 하나해주지. 사울이라는 자가 있었어. 그는 나를 전혀 몰랐단다. 나의 사랑하는 자들을 잡아 가두고 죽였지. 참 불쌍한 자였어. 그래서 하루는 그의 잘 못된 길을 막아서고 만나줬지. 사람이 바뀌더라고… 예나야, 난 그저 네가 삶을 제대로 알았으면 해. 그렇게 바뀌기를 원하기에 내가 이 자리에 있단다. 사울에게 나타났던 모습처럼."

놀랍다. 그리고 아프다. 좋은 말을 들었는데도 당신의 마음은 무엇인가에 찔린 것처럼 아프다.

"예수님―"

"응, 예나야?"

"사랑해요."

예수님께서 잠시 잠잠히 당신을 주시한다.

"아니다. 예나야, 너는 아직 사랑을 배워야 한단다."

참았던 분노가 댐이 터지듯 쏟아져 나온다.

"수현이는… 수현이는! 수현이를 데려가 놓고 대신 왜 와? 난 말이야, 차라리 예수, 당신이 가고 이 자리에 수현이가 있으면 좋겠어!"

당신 자신의 격한 감정 표현에 당신도 놀란다. 당신이 놀란 토끼 마냥 얼어버리자 예수님께서 아무 일도 없었다는 듯 국수 마지막 한 젓가락을 드신다.

화를 내고 나니 미안하고 쑥스럽다.

"예수님-"

"왜, 예나야?"

"죄송해요."

"…"

예수님의 침묵을 나란히 한 채 당신은 호텔로 돌아온다. 그리고는 쓰러져 잠이 든다.

3장

모험은 그에 합당한
가치가 있다.

당신은 모험을 싫어한다. 안정된 생활 속에서 작은 기쁨들이 모여 행복이 된다는 것이 당신의 삶에 대한 철학이다. 그저 싫증이 나지 않을 정도로만 편안한 나날들이 지속 된다면 당신은 도전도 뭐도 더 바랄 것이 없는 사람이다. 하지만 사람에 생채기가 난 듯 수현이 남기고 간 발자국에 반응하는 당신의 마음은 그렇지가 못 하다. 아니, 안녕하지가 못하다고 하는 편이 진실이 더 가깝다. 박수현. 수현은 당신에게 도대체 무슨 짓을 하고 새벽이슬 같이 사라진 것일까?

푹 자고 일어난 당신은 소파에서 주무시는 예수님을 본다. 사실, 예수님께서 수현이 얘기를 하는 순간 당신은 이미 알았다. 예수님께서 친히 당신 곁으로 오셔서 돌보아 주시려 하신다는 것을 말이다. 하지만 죽음을 향해 발버둥치는 습관이 그분을 거부하게 만들었다. 습관이 쌓여서 한 인생을 만든다고, 당신의 삶에 대해 자포자기한 모습이 예수님마저 거부하게 만들었다. 꼭 못 알아본 것처럼 말이다.

"까꿍–"

당신이 눈에 초점을 맞추자 예수님께서 장난기 많은 얼굴로 당신을 마주하고 계신다.

"안녕히 주무셨어요?"

"응, 잘 잤지. 내 사랑, 그대여."

"예수님의 사랑이 누군데요?"

"바로 너다."

당신도 모르게 예수님의 힘 있는 말씀에 얼굴을 붉힌다. 그냥 물어본 것뿐인데, 좀처럼 그냥 대답하시지 않는다. 사투리를 쓰지는 것도 아닌데 말 한마디 한마디가 강렬하다. 그러고 보니까 한국말을 쓰시네? 좋다. 영어만 아니면 된다.

"킥."

줄줄이 이어 생각을 하다가 웃어버린 당신의 이마에 예수님께서 뽀뽀를 살짝 해주신다.

"예나야, 일어나야지. "

아빠엄마 품을 떠나 독립한 이후를 느껴보지 못하던 감정이다. 마음이 보드라운 솜사탕처럼 녹은 듯하다. 갑자기 한국에서 회사 일에 열심히 매진하고 있을 동생도 눈에 아른거린다.

"예나야."

예수님께서 다시 한 번 부르신다.

"네."

당신이 자리에서 일어나자 예수님께서 아이 다루듯 당신을 안아 올려주신다. 그리고는 당신을 안고 방안을 춤추듯 돌아다니신다.

"예나야."

"네?"

"내가 널 사랑한단다."

가슴이 뭉클하다. 언제쯤 당신도 사랑이란 것을 알 수 있을까? 수현을 막연히 그리워하던 것은 사랑이 아니었던 것일까? 그렇다. 잃어버린 것에 대한 분노에 가까운 그것은 사랑이 아니었다. 그렇다면 사랑이란 무엇일까? 예나, 당신은 예수님과의 모험, 곧 삶을 사는 것을 통해 이를 깨우칠 것이다. 아니, 깨우쳐야 한다.

모험이라. 예수님께서 인도하시는 것대로 살아가는 것이 모험이라면 몹시도 두렵다. 당신은 안정된 인생이 아니면 죽고 싶을 정도로 사는 것이 두렵다. 이상하게도 수현이가 간 후로 겁이 더욱 많아졌다. 박수현. 수현의 따스한 입술이 닿던 때가 또 생각난다. 그리고 위로가 된다.

• • •

태국에서의 시간은 물 흐르듯 빨리 흐른다. 일상의 필수가 된 카우니야

우와 쏨땀 같은 태국 요리를 사먹으며 어느새 현지에 잘 적응하고 있다. 예수님이 곁을 지키니 무서울 것도 없고 그저 궁금할 따름이다. 예수님은 누구신가?

오늘은 물놀이를 즐기는 날이다. 예수님 말씀으로는 태국 사람들은 4월마다 물 축제를 연다고 하신다. 물론 축제가 본래 힌두교와 불교의 짬뽕이라 물놀이를 즐기지 않는 사람들도 있지만 예수님 생각에 당신은 나가야 한다고 한다.

"왜 유독 저는요? 그리스도인이 아니라서요?"

"아니, 너 같은 아이들은 방콕하는 것보다 좀 북적거리는데 가는 것이 낫지. 건강해져야지, 예나야."

"그냥 치유해주시죠."

"넌 아직 배워야 할 것이 많아."

예수님의 아리송한 대답을 뒤로한 채 당신은 물놀이를 위한 검정 옷과 플라스틱 물총을 챙기기 시작한다.

밖은 후덥지근하다. 호텔 종업원에게 물벼락을 한번 맞긴 했지만 한 바가지의 물로 더위를 죽이기에는 턱없이 부족하다. 물놀이에 갈증이 난 당신은 쎈탄 백화점 앞에 모인 인파들을 향해 걸어간다.

재미있다. 물을 맞아도 쏘아도 부어도 뿌려도 온통 해맑은 웃음뿐이니 즐거울 수밖에 없다. 단 술에 너무 취해 비틀거리는 사람들은 피해야 한다. 그런 사람들은 아주 가끔씩 제정신인 것 같다. 물 맞을 때만 시원하다고 큭큭거리니 말이다.

싸움이 일어난다. 한 눈에 보아도 깨진 맥주병을 든 한 남자가 인파를 향해 뭐라고 고래고래 고함을 지르며 달려든다. 한 남자가 인파 속으로 도망치고 병을 든 남자는 분이 안 풀렸는지 인파를 훑어본다. 아뿔싸! 싸움을 흥미롭게 구경하던 당신의 눈이 그와 마주친다. 남자의 이마에 핏대가 선다. 이해 할 수 없는 분노로 얼굴을 잔뜩 찡그린 그는 당신을 향해 돌진한다. 마치 무소의 뿔 같다.

이제 죽었나보다 하고 눈을 질끈 감은 당신이 인파의 비명을 듣는다. 당신의 목소리가 아닌 인파의 소리다. 무엇인가 해서 눈을 떠보니 예수님께서 팔에 피를 뚝뚝 흘리고 있다. 남자는 기절한 듯 움직이지 않는다.

"가자, 예나야."

공포에 질려 고개를 끄덕인 당신은 예수님의 부상당한 팔을 힘껏 붙잡고 호텔로 향한다. 예수님의 표정은 무덤덤하다.

호텔에 도착한 당신은 예수님의 깊이 팬 상처를 본다. 그제야 얼마나 큰 고통을 예수님께서 대신 하셨는지 알 것 같다. 예수님께서 당신의 상처를 싸매어주셨던 손수건으로 당신은 예수님의 팔을 감싼다.

"미안해요."

당신이 울먹인다.

"뭐가?"

"다쳤잖아요."

"난 널 위해 죽은 적도 있단다, 예나야."

가슴이 쓰라리다. 이런 예수님을 사랑하지 못 하는 당신이, 사랑을 모르는 당신이 한스럽기만 하다.

"좀 쉬자."

"네."

당신은 젖은 옷을 갈아입으러 화장실을 향한다. 오늘의 모험이 실은 어제의 모험에 비해 세발의 피였다니— 누군가를 위해서 죽는다는 것은 어떤 것일까? 당신은 손등에 눈물이 뚝 떨어지고서야 한참을 생각에 빠졌었다는 것을 깨닫는다. 눈물을 닦아낸 당신은 씻으러 화장실을 들어가며 어떤 종류의 모험은 꼭 필요하다고 생각한다. 아픔이 따랐지만 사랑을 확인할 수 있었기에 당신은 행복의 그림자를 보았다.

$\cdots$

열대지방은 꽃은 항상 펴있다. 달콤한 향기와 형형색색의 아름다움을 자랑하며 자란다. 호텔 밖의 정원을 유심히 쳐다보던 당신은 옆에서 시원한 아메리카노를 즐기고 있는 예수님께 질문한다.

"왜 이리 예쁘지요?"

예수님께서 눈을 찡긋한다.

"너보단 예쁘지 않단다."

예수님의 대답에 당신은 씨익 웃는다. 행복하다.

사실 해외가 처음인 당신은 태국에 온 것이 하나의 큰 모험이다. 그런데 이제 슬슬 돌아갈 때가 되자 않았나 하고 생각하게 된다.

"예수님……"

"응?"

"저 집에 가고 싶어요."

당신의 눈을 깊이 바라보시던 예수님께서 말씀하신다.

"그래, 가자. 집으로."

그렇게 당신의 해외 여행기는 끝난다. 하지만 인생의 모험은 이제 시작일 뿐이다.

• • •

인천 공항은 따듯하다. 오히려 밖에 에어컨 틀었나하고 생각이 들 정도다. 갈 때는 비어있던 여행 가방이 이제는 가족에게 나누어 줄 관광 잡동사니로 채워져 있다. 또한 집을 향하는 길도 이제는 여느 명절처럼 홀로가 아니다.

공항버스를 탄 예수님은 무엇이 신이 나시는지 휘파람을 불다 당신과 다른 승객들의 따가운 눈초리에 멈추신다. 당신과 눈이 마주쳐 윙크를 날리신 그는 가방에서 주섬주섬 뭔가를 꺼내기 시작한다.

오징어다. 언제 샀는지 말라비틀어져 있지만 입에서는 달게 녹아내린다. 순간 오병이어의 기적이 생각나면서 이 오징어가 오천 마리가 되면 어떨까라는 생각을 한다. 깔려 죽겠지.

당신의 생각을 알아챘는지 예수님께서 허허하며 웃으신다. 좋다. 당신이 웃음을 잃은 지 오래라도 누군가가 옆에서 웃어주는 것만으로도 몸에 따스한 기운이 생기는 것 같다.

예수님께서 팔을 번쩍 들더니 당신을 안아주신다.

"따뜻하지?"

"킥."

누군가가 당신의 생각을 알아주는 것도 참 고마운 일이다. 이번에는 당신이 자발적으로 웃으며 예수님의 볼에 입을 맞춘다. 예수님께서 머리를 쓰다듬어주신다.

평생에 당신은 누구와 이렇게 빨리 친해진 적이 없다. 박수현도 당신과 친밀해지는데 오랜 세월이 걸렸으니까. 수현아……. 마음 한편이 쓰라려 온다. 애써 웃으며 예수님을 바라보는 당신을 예수님은 안아주신다. 따스하다 못해 이젠 덥다.

• • •

이런저런 핑계로 가족을 거의 만나지 않은지도 어언 4년이다. 목동이라면 바로 코앞이라고도 할 수 있지만 말이다. 당신이 가족을 불편해 한 것은 과거를 외면한 탓이라고도 할 수 있다. 사실 그들이 잘못한 것은 아무것도 없는데……. 그런데 만나면 가슴의 통증이 터질 것 같다. 병이 도질 것 같다. 실은 가족의 품이 그리웠다. 그리고 오늘 당신은 예수님과 함께 그들을 찾아간다.

우선 카톡부터 보낸다.

당신: 엄마-

엄마: 어머? 우리 딸. 어떻게 지내니?

당신: 그냥. 나 오늘 집에 가도 돼?

엄마: 어영 와. 우리 딸이 그런 것 물어 볼 필요가 있나.

당신: 어……. 손님 데려가도 돼?

엄마: 손님?? 그러렴. 보고 싶다, 예나야.

당신: 네, 그럼 이따 5시 정도에 갈게요.

마치 엄마와 딸 사이에 4년이라는 긴 침묵의 세월이 없었던 것처럼 엄마는 예나를 반긴다.

당신의 카톡을 유심히 바라보던 예수님께서 당신의 머리를 쓰다듬으신다. 잘 했다는 것일까? 당신도 모르게 얼굴을 붉힌다. 가족들에게 미안하다.

• • •

현관에서부터 김치찌개 냄새가 폴폴 풍긴다. 어디선가 꼬르륵거리는 소리를 듣고 보니 예수님이 눈을 찡긋거리신다. 하긴 비행기에서부터 오징어 외에는 아무것도 먹지 못했으니 시장하시겠지. 예수님께서 그렇게 멀미하

실 줄은 몰랐다. 그렇다면 옛날에 풍랑이 이는 바다 위의 배에서 잠드셨던 것도 멀미 때문? 당신이 피식 웃자 예수님께서 꿀밤을 한 대 먹이신다.

바로 그때 엄마가 나타난다. 4년 전이나 지금이나 변함없는 웃음. 엄마는 예전이나 지금이나 푸근하다. 마치 가족들에게 아무 일 없었던 것처럼 예나와 예수님을 거실로 이끄는 엄마도 호기심은 못 숨기나 보다. 자꾸 예수님을 곁눈질한다.

하긴 얼굴을 거의 보이지도 않았던 딸이 수염이 길게 자라고 남루한 청바지 차림의 남자와 함께 집에 들어서니 궁금할 만하다.

그래도 역시 엄마다. 당신이 입을 열기까지 아무것도 묻지 않는다.

아빠는 일에서 아직 돌아오시지 않았고 동생은 기숙사 생활을 한다. 저녁은 어색 그 자체다. 그런데 당신은 이 상황을 즐기고 있다. 예수님이 이렇듯 가시방석에 앉은 것을 언제 또 볼 수 있을까?

"저— 우리 예나를 어떻게 알게 되셨죠?"

엄마가 조심스레 말문을 연다.

김치찌개를 한입 가득 물고 있던 예수님께서 목이 메시는지 눈물을 흘린다.

"아, 죄송해요. 식사 중이신데……."

엄마가 얼굴을 붉히며 일어나 냅킨을 가져온다.

어색함을 뒤로 하고 엄마가 자리로 비운 사이 당신이 이 어이없는 상황에 킥킥거리기 시작한다.

"엄마, 이분 예수님이셔."

다시 돌아온 엄마에게 당신이 내뱉듯이 말하자 엄마 얼굴이 새하얘진다. 엄마는 아마도 어딘가에 신고하겠지 그리고 당신은 정신병원에 갇히겠지. 하지만 엄마는 얼굴색이 변한 것 이외에는 정말로 침착하다.

"아— 그러시구나."

저녁은 그렇게 말없이 흘러간다.

당신이 엄마의 침묵에 의아해 하기도 전에 엄마가 현관까지 배웅을 나오며 귓속말을 한다.

"난 네가 그렇게 즐겁게 웃는 것을 못 들어 봤단다. 예나야, 몸조심하고 사랑한다."

엄마가 당신의 손에 쥐어준 것은 다름 아닌 용돈 몇 장과 밑반찬 한 봉지다.

"엄마, 사랑해요. 그리고 걱정 마세요."

당신이 엄마의 등을 토닥거리며 말하지 엄마는 끝끝내 눈시울을 붉힌다.

그렇게 엄마와의 식사를 뒤로하고 당신은 예수님을 따라 자리를 뜬다.

"우리 이제 어디 가지요?"

"집에."

예수님께서 당신에게 어깨동무를 하며 말씀하신다.

* * *

예수님은 자신이 내비게이션이라도 된 듯이 당신을 고층 아파트 건물로 인도한다. 다름 아닌 당신의 집이다.

문득 성경이 떠오른다.

"예수님, 예수님 댁은 교회 아니에요? 여긴 제 집인데요⋯⋯."

예수님께서 빙긋 웃으신다.

"네가 바로 내 교회란다."

식상할 수도 있는 교리문답과 같은 대화가 막상 예수님을 대면하며 얘기하니 색다르다.

집에 들어선 당신은 집을 산 이후 처음으로 아늑한 느낌이 든다. 현관에 들어선 당신은 혼자가 아니기에⋯⋯.

예수님은 소파를 사랑하신다. 언제나처럼 소파에 몸을 맡기신다. 그런 예수님을 바라보던 당신은 한 아이가 생각난다. 박수현. 그도 소파를 참 좋아했었다.

갑자기 분노가 치민다. 수현이 차가운 땅 밑에 잠들기를 허락하고 그의 자리를 대신 하려는 듯한 이 예수는 누구인가? 당신의 몸이 차갑게 굳는다. 그러나 정신만은 날뛰는 폭풍우와 같다.

"약 먹어라."

어느 순간 당신의 곁에 와 있는 예수님께서 당신을 포근히 감싸 안으신다. 당신의 조증 증상이 그렇게도 알아채기 쉬웠나? 순한 양처럼 당신은 예수님께서 어디에서 찾았는지 당신에게 주시는 약을 미지근한 물과 함께 꿀꺽 삼킨다. 그러나 분노가 스쳐간 자리에 궁금증은 계속된다.

'왜 수현은 죽어야만 했는가?'

아직도 그 녀석이 생각이 난다.

· · ·

"예나야, 우리 놀러 갈래?"

수현이 묻는다.

"어디?"

"한라산."

"미쳤어?"

"하하. 그건 아니고 자기랑 모험 비슷한 것 하고 싶어서."

수현이 당신을 처음으로 '자기'라고 부른다.

"그럼……."

모험을 싫어하는 당신은 한참 고민을 한다.

"뒷산가자."

"에개. 매일 가는 곳을?"

마치 큰 비밀을 나누려는 듯 당신이 심호흡을 크게 한다.

"나 한 번도 안 가봤어."

당신의 머리에 뿔이라도 달린 듯 수현이 당신을 쳐다본다.

"그렇게 방콕하는게 좋아?"

"응."

당신은 단호하다. 뒷산 이상의 모험은 싫다. 모험은 무모한 도전이랄까?

"그래."

수현은 언제나처럼 당신의 의견에 따른다.

아침 내내 함께 먹을 도시락과 소풍도구를 챙기는 당신의 얼굴에는 생기가 가득하다. 수현이 좋은 것인지 소풍이 좋은 것인지 알 수 없다. 마냥 행복하다.

뒷산은 상쾌하다.

뛴다

내 심장이

내 사랑

수현아

뛴다

내 걸음이

내 연인

그대야

그대가 가르쳐 줄 수 있는 비밀은

말할 수 없는 비밀

누가 그대를 이렇게

아름답게 창조하였는지

아름답다

당신이여

당신의 영혼이 수현과의 등산에 행복에 겨워하지만 당신은 깨닫지 못한다. 그냥 수현은 지금의 남자친구일 뿐이다. 그가 당신을 반평생 짝사랑했든 말든 말이다.

산의 공기는 놀랍도록 투명하다. 미세먼지가 가로막지 않은 세상을 해맑은 아이의 웃음과 같다.

수현이 당신을 업으려 하자 당신은 냉큼 업힌다. 그리고는 뭐가 좋은지 소리를 지르며 수현과 산 정상에 있는 공원을 뱅뱅 돈다. 간혹 가다 당신과 수현을 보며 얼굴을 찌푸리는 어르신들도 계시지만 대부분은 귀엽다는 듯이 살짝 웃고 만다. 다들 사랑을 해봤으니 당신들의 미친 짓도 미쳐 보이지 않는 것일 테니까.

수현의 품은 따스하다. 당신을 꼭 껴안은 그는 당신의 머릿결을 따라 손을 움직인다.

쑥스럽다.

"왜 그래?"

"부드러워서."

수현의 얼굴이 빨개진다. 창피할 것도 없는데 말이다.

그날 당신과 수현은 해가 땅으로 꼬꾸라지는 것을 보며 이런 저런 이야기를 나눈다.

"해는 왜 질까?"

당신이 어이없는 질문을 한다.

"땅이 그리워서."

수현 역시 어처구니없는 대답을 한다.

그리고는 알 수 없는 침묵을 지키며 해가 서서히 죽어가는 장엄한 광경을 지켜본다.

・・・

왜인지 몰라도 그때 그 노을은 참으로 슬퍼보였다. 아름다운 해가 그 빛을 잃으며 서서히 당신을 향해 꺼져오는 것은 당신의 마음에 인상 깊게 새겨져 있다. 대지가 무엇이 길래 하나 밖에 없는 해가 빛을 잃으면서 까지 땅을 품을까?

당신 옆에서 연신 배고프다 말하는 예수님은 이상하게 그 해를 닮았다. 그의 표정이나 몸짓은 마치 해가 사람이었다면 그랬을 것 같은 바로 그것이다.

많이 시장하신지 사람 집에 어떻게 밥이 없냐고 툴툴거리는 예수님께 당신은 말없이 아까 비행기에서 가방에 넣어뒀던 샌드위치를 건네 드린다. 당신의 얼굴을 흘긋 보고는 예수님께서 샌드위치를 받으신다.

"정말 많이 드시네요."

아까 엄마 댁에서 밥을 안 드신 사람처럼 말이다.

"너보단 내가 크잖니……"

예수님께서 우걱우걱 샌드위치를 씹으시며 대꾸하신다.

왠지 모르겠지만 수현과도 닮은 것 같다. 먹이를 문 햄스터 마냥 먹을 것만 들면 행복해 하던 모습이 말이다.

"예수님, 귀여워요."

당신도 모르게 생각을 말로 표현해 버린다.

잠시 너털웃음을 터뜨린 예수님이 근엄해지신다. 그리고는 혼날까봐 무서워하는 당신의 머리를 툭툭 친다.

"네가 더 귀엽다, 녀석아."

"히."

예수님과 있으니 겁나는 것이 없고 웃을 일만 남은 것 같다.

그리고는 알 수 없는 침묵을 지키며 해가 서서히 죽어가는 관경을 다시 한 번 지켜본다.

• • •

저녁에는 함께 영화를 보러 가기로 한다. 한국에 돌아온 기념이랄까. C사 영화관을 찾은 예수님과 당신은 영화《썬 오브 갓(Son of God)》이 상영하고 있음을 확인한다.

예수님과 함께 예수님 영화를 본다? 스릴 있다. 그리고 평이 궁금하다.

어두운 조명아래 앉은 당신은 예수님과 당신 사이에 있는 팔걸이가 몹시도 거추장스럽다. 그래서 음료수를 반대로 옮기고 팔걸이를 들어 올리다보니 문득 수현이가 생각난다. 당신과 수현이 사이에는 언제나 팔걸이가 있었다.

· · ·

"예나야······"

어느 한적한 영화관 안이다. 캐러멜 팝콘을 열심히 흡입하는 당신에게 수현이 묻는다.

"우리 팔걸이 치우면 안 돼?"

"안 돼."

"왜?"

수현이 울먹이는 척 한다.

"거긴 내 음료수 자리니까."

왼손잡이인 당신은 그 팔걸이가 편하다. 그리고 왜인지 수현은 언제나 당신의 왼쪽에 앉는 버릇이 있다.

수현이 이번에는 단단히 삐진 것 같다.

"흥."

"뭐?"

"안 안아줄 거야."

"누구 안고 영화 보는 사람도 있나?"

코웃음을 치며 한산하다 싶었던 영화관을 둘러보던 당신은 커플들끼리 팔걸이를 치운 채 다정하게 끌어안고 있는 모습을 본다. 당신 얼굴이 빨개진다.

"거봐, 내가 뭐랬어."

수현이 까분다. 수현이를 한 대 쥐어박고 당신은 한숨을 쉰다. 수현이가 스킨십을 너무 밝히는 것은 아닌지…… 그런데 그런 수현이 사랑스러운 당신은 뭔가?

장내가 어두워지며 영화가 시작한다. 그리고 당신은 현재로 돌아온다.

◆ ◆ ◆

당신의 하염없는 슬픔을 읽은 듯 예수님께서 당신을 껴안으신다. 둘 사이에 팔걸이가 없는 것이 이렇게 좋은지 몰랐다.

"예나야……"

혹시 박수현에 관해 말씀해 주시는 것일까?

"영화보자."

"네."

울먹이지 않으려 애쓰며 당신은 예수님께 기대어 그에 대한 영화를 본다.

마지막 씬의 여운이 남는다. 예수님을 다시 본 요한의 눈빛이란 말로 형언 할 수 없는 그것이다. 그런 예수님을 당신은 어떠한 눈으로 바라보았는가? 문득 부끄러워진다.

사랑의 하나님을 사랑하지 못한 죄는 죽어 마땅하다.

"죽지 마라, 애기야. 죽지 마."

예수님의 음성이 들려온다. 당신의 머리를 부여잡고 안수하는 그의 마음이 읽힌다. 그가 사랑하는 양이 어서 이 병에서 치유 되는 것이 아니라 어서 참 사랑을 배우도록……. 이상한 기도다.

하지만 예수님의 따스함에 마음을 내맡긴 당신의 영혼은 '아멘'이라 응답한다.

주인님, 주인님
어서 우리 달려가요

사슴의 발을 가져
저 산 정상을 향해

뛰어가요
그가 기다려요

당신의 근원을 위해
힘을 다하셔요

당신은 어렴풋이 영혼의 노래를 듣기 시작한다. 그리고 운다.

．．．

　다음 날의 뉴스는 전날의 눈물을 우습게 만든다. 바로 세월호의 침몰 사고다. 말로 다 할 수 없는 아픔과 희망을 간직한 하루가 흐르며 당신은 의문을 갖게 된다.

　왜 그들은 다 살 수 없었을까? 또 다시 많은 가족들과 친구들이 마음속에 누군가를 묻고 살아가야한다는 것이 당신의 눈물샘을 자극한다. 이번에는 분노의 눈물이다. 왜, 왜, 왜?

　하루 종일 뉴스를 들여다보는 당신의 눈에는 예수님이 보이지 않는다. 그가 어디서 무엇을 하는지 알지도 못하고 알고 싶지도 않다. 당신의 삶의 테마이자 이 세상의 질문이 당신을 짓누른다.

　Why is there pain in the world?

　죽음은 사람을 단련시키는 고통이 아니다. 알고 있는 모든 것의 끝일뿐이 아닌가? 밉다. 예수님이 밉다. 이 시간, 이 역사의 순간 속에 그는 어디에 있었는가? 보이지 않는다. 그도 역시 당신의 병에 의한 보이는 환상이었을까?

　심장이 마구 뛴다. 슬픔의 마라톤을 달려온 당신의 심장은 이러한 사건들을 쉽게 견디지 못한다. 화병같이 몸이 저릿하게 아파 옴을 느끼며 당신은 약을 찾아 온 집안을 쑤시고 다닌다. 찾았다. 그리고 물 없이 삼킨다. 타인의 고통이 남의 이야기 같지가 않은 당신은 하루 종일 배가 침몰하는 사진을 보며 멍하니 컴퓨터 앞에 앉아 있다. 이젠 아픔이 익숙해 박수현도 생각나지가 않는다. 마치 당신이 인류의 의문을 대신하듯 방망이질하는 마음을 움켜쥐며 더 많은 생존자들을 바랄 뿐이다. 그렇다. 기도할 줄 모르는 당신에게 구원은 그저 희망사항일 뿐이다.

그렇다. 당신은 병자다. 남들이 어깨 넘어 불구경하듯 사건사고를 구경할 때 당신은 시도 때도 없이 감정의 소용돌이에 휘말린다.

그런데 간간히 이 좋지 못한 소식 속에서 좋은 소식이 들려온다. 아니, 말도 안 되는 소식이다. 한 꽃다운 나이의 선원이 위급한 아이들을 위해 그들을 살리고 자신은 자리를 지켰다. 죽음으로 말이다. 사망자 명단에는 당신에게는 이해가 되지 않는 죽음을 택한 한 사람이 또 있다. 친구를 위해 구명조끼를 벗어주고 자신은 차가운 물속으로 사라진 것이다. 영화 타이타닉도 아니고 이게 웬 말이냐 말이다.

삶이 더 영화 같고 소설보다 복잡하다. 이 플롯을 이해하려면 평생이 걸릴 것 같다. 어떻게 바닷물이 침몰하는 배를 우는 사자와 같이 집어 삼키려 할 때에 스스로 자신의 삶을 내려놓을 수 있단 말인가? 그것도 남을 위해서……

"내가 그랬단다, 예나야."

당신은 뒤돌아보지 않는다. 예수님의 목소리에 당신이 어떻게 반응할지 모르기에 뻣뻣하게 원래의 자세를 지킨다. 예수님의 강렬한 몸짓에 당신은 그를 바라보고야 만다. 당신의 얼굴을 잡아끈 예수님은 당신을 바라보며 눈물을 흘리고 계시다. 뉴스의 남을 도우려다 사망자 명단에 오른 그들보다 당신을 더 불쌍하게 생각하는 듯한 그의 눈빛이 마음을 가른다.

그리고 잠 한숨도 못자 지친 당신은 스르륵 감기는 눈꺼풀을 이기지 못하고 예수님의 품에서 잠이 든다. 꿈을 꾼다.

...

꿈의 모험을 떠난 당신은 몹시 분주하다. 쪼들리는 생활비를 벌기 위해 아르바이트를 나선 당신은 아줌마다. 꿈이라서 그런지 아르바이트가 무엇에 관한 것인지도 모르겠다. 단지 가게 주인이 친절하다는 것과 당신이 말이 많다는 것이다.

당신은 솔직히 이 자리가 못 마땅하다. 일도 발로써 할 수 있을 것만 같다. 못된 마음인 것은 알겠지만 심정이 그러하다. 재정적으로 조금만 더 안정적이었으면 생각지도 않았을 단순한 아르바이트다.

그런데 갑자기 주인의 표정이 변한다. 냉정하다 못해 얼음장 같이 차갑다. 그리고는 하는 말이 사실 그 자리가 다른 사람으로 메워졌다는 것이다. 실제 보니 소파에 다른 여자가 앉아 있다.

분노가 올라온다. 당신은 열심히 따진다. 왜 당신의 시간을 낭비했냐고?

모태신앙으로 키워진 당신에게 충격적인 말이 들려온다.

"당신의 프로필을 보고 당신에게서 듣고 싶었던 것은 화려한 스펙이 아니라 복음이었어요. 하지만 당신의 자존심만 세우는 얘기를 듣고 나니 그리스도인에 관심이 떨어지네요."

주인의 적대감에 당신은 할 말을 잃는다.

"오히려 오늘로 기독교에 대한 반감만 더 커졌을 뿐이에요. 우리랑 생각하는 것이 별반 다를 것이 없네요."

식은땀을 흘리며 당신은 잠에서 깬다. 예수님이 보이질 않는다.

4장

건강이 가장 유익한 선물, 만족함이 가장 유익한 부,
그리고 신실함이 가장 유익한 관계다.

"예수님!"

당신이 부르짖는다. 애달픈 눈을 하고 두리번거리던 당신은 문득 당신이 따스한 이불을 덮은 채 침대에서 자고 있었다는 것을 깨닫는다.

예수님께서 문지방을 넘어 나타나신다. 양손에는 당신의 S교회에서 받은 컵 두 개가 들려있다.

"뭐예요?"

당신은 눈이 동그랗게 되어 예수님을 바라본다.

"흑초. 얼음도 넣었어. 잠 좀 깨라고. 지금 자면 밤에 못 잔단다."

당신이 받아든 흑초 음료는 참 달고 시원하다.

"……."

예수님과 당신 사이에 평온한 침묵이 돈다.

문득 당신은 의문이 든다. 분명 이분은 당신을 사랑한다. 그런데 왜 당신을 병이라는 고통 가운데 놓아두셨나? 사실 수현에 대한 아픔도 당신의 조울증이라는 병에 의해 다시 도지고 또 도지고 하는 것이다. 사랑하는 사람에게 이러한 아픔을 왜 허락하셨는가?

당신은 건강하고 싶다.

예수님께서 입을 여신다.

"예전에 인도에 한 남자가 살았었지. 그는 건강과 인간관계와 인생에 대한 만족감을 가장 우선으로 여겼단다."

옛날이야기다. 당신의 귀가 솔깃한다.

"그런데 그것 아니? 내가 네가 깨우치기 원하는 것은 다른 곳에 있다는 것을. 내가 아주 잘 아는 한 시인이 있지. 그녀는 남이 가진 것이 하나도 없어도 행복을 찾은 여인이란다. 아주 사랑스럽지. 난 네가 그 사랑스러움을 본받기 원해. 예나야, 넌 내 것이니까."

당신의 부족함을 잘 아는 당신은 얼굴을 붉힌다. 그렇다. 당신의 부족함은 예수님께서 더 잘 정의 해 주신다. 그리도 당신을 자신의 것이라 힘 있게 주장하는 예수님이 이상하게도 고맙다.

인생을 살아오면서 참으로 많은 의문점이 당신을 괴롭혔으니 이제 나타난 당신의 삶의 창조주는 해답을 가르쳐 주실 것이라 예상했지만 당신이 기대하던 답은 아니다.

과연 당신이 기대하던 답은 무엇일까?

고통은 왜 있습니까?

미안하다는 답이었을까?

아마도……. 신의 사과를 바랐던 것 같다. 모든 것을 되돌리지 않으실 것이라면 최소한 사과라도 원했던 당신은 내심 밀려오는 두려움에 놀라고 있다. 신은 생각처럼 호락호락하지 않으시다. 예수님의 말씀으로부터 풍겨나오는 권위는 어디서 왔는지 몰라도 명확한 것은 한 가지다. 바람이 어디서 와서 어디로 가는지 알지 못하는 것처럼 그의 권위는 당신에게는 수수께끼지만 실질적으로 존재한다. 바람이 보이지 않아도 따스하게 몸을 감싸듯이 말이다.

· · ·

밤이다. 예수님 말씀대로 카페인 섭취를 줄이고 시원한 건강 음료로 갈증을 대신한 당신은 잠에 쉽게 빠져든다. 마냥 평안하다. 그리고는 꿈나라를 향해 항해하다 도착한다.

어느 한 개나리 같이 노란 별 위다. 바다 같이 펼쳐진 별들 사이에 떠 있는 이 별은 어디선가 본 듯한 별이다. 그리고 별 위를 한 발자국씩 내딛던 당신은 순간 어릴 적에 할머니가 들려주셨던 옛날이야기가 생각난다.

아주 먼 옛날 한 아가가 있었다. 수많은 별들의 축복아래 자라난 아름다운 아가는 한 소망이 있었다. 이름이 있었으면…….

바람과 별이 키운 이 아가는 언제나 자신의 이름을 알려줄 또 불러줄 그

누군가가 있기를 소망했다.

"바람아, 바람아, 내 이름이 뭐니?"

"글쎄, 나도 몰라. 하지만 아가야- 넌 이름 없이도 참 아름다운 걸……"

"하지만……."

별은 좀 달랐다.

"아가야, 미안하다. 나도 너를 네 이름으로 불러주고프지만 바다가 데려온 널 우리는 뭐라 불러야할지 모르겠구나."

"네에……."

이러한 작은 궁금증을 안은 채 아가는 바람에 별들이 흔들리는 작은 섬인 그레데 섬을 떠났다. 바다의 물결에 몸을 내 맡긴 채 이리저리 떠다니던 낙엽같이 가벼운 아가는 대지라는 아름다운 품을 가진 땅에 다다랐다. 대지의 이름은-

바로 이때 잠에서 깨어난 당신은 평안한 눈빛으로 소파에서 쿨쿨 주무시는 예수님을 바라본다. 그래, 그 대지는 바로 엄마 품이었지. 그리고 당신의 이름을 예비하신 분은 다름 아닌 예수님이셨다. 예수님과 나. 엄마의 태몽에 위한 당신의 이름이다.

• • •

주일예배다. 하필이면이랄까? 왜 옛날 찬양을 꼭 불러야 되는지 모르겠다. 오늘의 선곡된 찬양은 '공평하신 하나님'이다. 당신이 가장 부르기 힘들어 하는 찬양이기도 하다.

　당신도 안다. 당신이 얼마나 이기적인지를– 수많은 사람들이 더 큰 아픔을 겪고도 주님께 사랑을 고백한다는 것을 머리로는 알지만 가슴으로는 이해가 되질 않는다. 예를 들어 어느 술에 심히 취한 **뺑소니** 운전자에 의해 삶이 송두리째 불타버렸어도 하나님께 영광을 드리는 어느 한 여인과는 달리 당신은 당신의 아픔에서 헤어 나오지를 못한다.

　입을 벙긋거려 본다. 찬양을 립싱크 해본 적이 있나? 당신은 자주 그런다. 고백이 나오지를 않기에 다른 사람들과 한 자리에 서서 공기만 내뿜는다. 당신이 생각해도 불쌍한 인생이다. 어느 인도 남자가 그랬다지. 건강이 가장 유익한 선물, 만족함이 가장 유익한 부, 그리고 신실함이 가장 유익한 관계라고. 그런데 당신에겐 이중에 아무것도 가진 것이 없다. 슬픈 것이 당연한 것 아닌가? 하나님의 말씀이 와 닿지를 않는데 어떻게 이런 상황 속에서 찬양을 부른단 말인가?

　곡이 바뀐다. 따스한 성령님의 임재를 느끼기라도 하듯 많은 사람들이 손을 들며 흐느끼며 기뻐하며 예배드린다. 당신은 예배가 안 된다.

　집에 온 당신은 냉장고에서 시원한 흑초를 꺼내 마시며 깊이 생각을 한다.

　당신은 왜 이 모양 이 꼴일까? 가슴이 답답해온다.

　생명이 없는 꽃은 자신이 물이 없어도 알지 못하는 것처럼 죽은 자는 자신이 생명 없이 살아간다는 것을 알지 못한다. 하지만 당신에게는 당신이 알지 못하는 미세한 변화가 일기 시작한다. 당신이 죽은 존재라는 것을 깨달고 생명을 주는 물에 대한 목마름에 눈을 뜨고 있다.

• • •

오늘은 저혈압이다. 꽤 잘 나가는 카드 디자이너를 하면서 저축한 돈으로
살고 있는 당신은 그리 재정적인 문제에 관한 걱정은 없다. 하지만 더 이상
그 일을 하며 살기 싫다. 왜인지 몰라도 자꾸 당신에게 진정 만족감을 주는
일이 무엇인지 생각하게 된다. 돈을 적게 벌더라도 먹을 것 입을 것 아껴가
며 살더라도 당신이 진정하고 싶은 일은 무엇인가?

이 문제를 가지고 당신은 예수님과 토론한다.

"네가 진정 하고 싶은 일이 뭔지 고민이 된다고…….."

"글쎄, 디자인도 제가 하고 싶어서 한 것인데 평생을 갈 것 같지는 않아
요. 벌써 권태기를 느끼고 있는 걸요."

"책을 많이 읽어봐. 내가 해줄 수 있는 조언이다. 책속에는 언제나 답이
있지."

그 후로 여러 날을 당신은 독서 삼매경에 빠져서 지낸다. 그런데 미래에
대한 답을 찾은 책은 다름 아닌 《성경》이다.

"내 마음이 좋은 말로 왕을 위하여 지은 것을 말하리니 내 혀는 글 솜씨가
뛰어난 서기관의 붓과 같도다."

성경 말씀을 읽은 당신은 예수님께 뛰어간다. 예수님께서는 부엌에서 군
침 도는 궁중 떡볶이를 만들고 계시다.

"그래, 말하렴."

예수님의 이마에는 더우신지 송골송골 땀방울이 맺혀 있다.

"저 작가가 되고 싶어요! 이야기를 디자인하는 스토리텔러가 되고 싶어요. 아직 무슨 이야기를 쓸지는 모르겠지만 작가가 될 거예요."

떡볶이에서 눈을 든 예수님께서 말씀하신다.

"작가가 굶어죽기 십상인 것은 알 테지?"

당신의 눈을 그윽이 쳐다보신다.

"그래도 할래요. 죽어도 할래요. 이상하게도 마음이 두근거리고 심장이 뜨거워져요. 누굴 위해서 어떤 책을 쓸지는 아직 모르겠지만 꼭 써야겠어요."

예수님께서 떡볶이를 한입 배어 물으신다.

"그러렴."

단순하지만 허락한다는 듯한 그의 말에 당신은 힘을 얻는다. 그리고 입 속으로 떡볶이를 쓸어 넣기 시작한다.

• • •

스토리텔러란 무엇일까? 일생을 살아오면서 당신은 청춘을 익숙한 것에 바쳤다. 공부, 우울증, 공부, 조증, 공부, 수현이 생각, 졸업, 그리고 디자인⋯⋯. 하지만 카드 디자인에 대한 꿈은 당신이 평생 걸어가고 싶을 당신에겐 만큼 긴 세월을 투자할 꿈이 아니었다. 당신이 슬픔에 잠길 때는 손 놓아버리는 것이 디자인이었으니까.

그렇다면 당신은 진정 스토리텔러가 되고 싶은 것일까? 누군가에게 롤모델이 되고 희망과 동기부여가 되는 그런 이야기꾼 말이다. 맞다. 당신은 세상에 할 말이 많다. 단, 한 가지 아쉬운 것은 그 이야기가 희망적이지는 못하다는 것이다.

가슴이 아려온다.

당신에게 제일 먼저 생각난 동기부여가는 호머이다. 영웅들의 삶을 시로 읊조리며 이 마을 저 마을을 다니다 마친 생애는 얼마나 많은 어린 청취자들에게 자신들도 영웅이 되고 싶게 만들었을까? 그렇다. 당신은 우선 당신의 영웅부터 찾아야 한다.

당신이 피식 웃는다. 당신을 평생 시를 짓게 할 만한 영웅은 누구란 말인가? 문득 친근한 예수님의 품이 그립다. 머리를 쓰다듬어 주고 친구가 없는 당신의 동무가 되어준 그…… . 하지만 그가 과연 당신의 영웅이 될 수 있을까? 설령 수현의 죽음을 무시한다 해도 예수님께서 여태까지 당신의 영웅이 된 적은 치앙마이에서 깨진 병을 막아줬을 뿐 아닌가? 당신을 위한 그의 십자가 희생을 직접 보지 않고 어떻게 믿겠는가? 당신을 위해 죽었다는데 그것은 잘 모르는 일이다. 그 십자가 아래 당신이 있지는 않았으니깐 말이다.

창밖을 본다. 따스한 태양이 거리를 덮고 있다. 한 이야기가 떠오른다.

아빠가 들려주셨던 이야기였나? 어느 제왕이나 그 밑에는 책사가 있다. 아빠의 특유의 감미로운 목소리로 들려준 이 스토리에서는 느헤미아가 바로 그 책사였다. 실제로 그는 왕의 술관원이라는 높은 직책을 맡았다. 현시

대로 이야기하면 국회의원 정도는 된 것이다.

왕의 술에 독이 있나 없나를 확인하며 지내던 어느 날 느헤미아는 마음에 찌르는 듯한 고통을 느낀다. 자신의 고향인 예루살렘이 무너지다 못해 폐허가 됐다는 것이다. 울분이 터졌다. 아마도 일본강점기 때 우리나라 사람들이 느끼던 감정과 비슷했을 것이다. 세상은 온통 죽일 놈으로 가득 찼을 것이다.

매일을 눈물로 보내던 느헤미아는 무너진 성벽을 건축하러 가기로 결심한다. 그리고 몇 달 동안 잠잠하다. 바로 자신의 보스인 왕에게 뛰어가서 휴가를 내달라고 하지 않는다. 그렇다. 준비하는 기간이 필요했다.

한 가지 특이사항은 느헤미아가 이 꿈을 가지게 된 계기다. 그는 선지자도 아니었고 신의 목소리를 직접 듣지도 못했다. 그런데 믿었다. 그리고 자신이 받은 꿈의 완성을 위해 힘차게 나아갔다.

밤에 잠이 안 올 때에 아빠가 좋은 꿈을 꾸는 사람이 좋은 사람이 된다며 들려주던 이야기다. 그런데 아빠는 그 신을 하나님이라 부르셨다. 아빠 역시 단 한 번도 예수님의 십자가 못 받히는 장면을 직접 본 적도 없으면서 그를 구세주라 믿었다. 느헤미아도 반역죄로 오해할 수 있는 죽음이 형벌을 무릅쓰고 믿었다.

죽음이란 무엇일까? 온통 옛날이야기로 자란 당신의 눈앞에 또 다른 스토리가 펼쳐진다. 당신 나이 열여덟에 쓴 글이다.

끝

사신은 사람을 가리지 않는다. 아무도 그의 이끌림을 거부할 수 없다.

비가 입술이 되어 땅에 입맞춤 한다. 이렇게 되어 젖은 흙이 한 여인의 발을 부여잡는다. 진흙이 되어버린 흙을 맨발에서 신경질적으로 털어버린 그녀는 비보다 더 많은 양의 눈물을 흘리고 있다. 시간이 흐르자 그녀의 발걸음은 빨라지고 눈물은 곧 벌거벗은 아스팔트길을 적신다. 얼음장 같은 바람이 그녀의 몸을 훑어 지나간다. 그녀가 움찔한다. 그래도 일관성 있게 하늘의 노여움을 맞서 비틀거리는 걸음으로 앞으로 나아간다.

웃기다. 죽음은 멀리서도 사람의 입술을 뒤틀리게 만드는 재주가 있다. 그녀는 소리 없이 웃는다. 기가 막힌 듯이 말이다. 냄새가 난다. 죽음의 향기가 쓰러진 오토바이에서부터 올라온다. 뜨거운 열기가 살을 태운다. 오토바이에 뭉개진 채 쓰러져 있는 한 남자가 흐느낀다.

한걸음, 두 걸음 내딛던 여인은 잠시 멈칫 거린다. 과거가 그녀의 소매를 붙잡는다.

골목의 어두움 속에 한 쌍의 남녀가 뜨거운 열기를 발산한다.

"드디어……"

남자가 말을 한다. 이마에는 땀이 맺혀 있다.

"얼마나 됐어?"

여자가 묻는다.

"3년."

남자가 숨이 가쁘게 내뱉는 말이다.

"그렇게 오래?"

여자의 얼굴에는 홍조가 띤다.

"응."

어설프게 키스하려다 남자가 말한다.

"몰랐어."

그리고는 키스의 침묵이 그들을 삼킨다.

현재로 돌아온 여인은 쓰러져 있는 오토바이를 가만히 주시한다. 3년. 3년 동안이나 이 남자는 자신을 짝사랑 해왔다. 입술을 지그시 깨물며 여인은 남자에게 다가간다.

헬멧은 날아 간지 오래고, 팔은 연골이 파열된 듯하다. 비뚤어진 몸은 오토바이 아래 깔려있고 기계의 열에 살이 타들어가도 남자는 그저 부러진 팔이 무척이나 고통스러울 뿐이다.

눈이 마주친다. 여인이 미처 뭐라 말을 나누기도 전에 남자가 미소를 띤다. 마치 이 세상에서의 임무를 마쳤다는 듯이. 그리고는 스르륵 눈이 감긴다.

도시 한복판에서 짐승의 울부짖음이 울린다. 다름아닌 여인의 것이다. 남자의 시신을 안으며 식은 얼굴에 볼을 비비던 그녀는 심장으로 울고 있다.

시간이 흐른다. 사이렌 소리가 들리고 여인은 단호하게 일어선다. 그리고 도로 중앙으로 발을 내딛기 시작한다.

죽음이 똬리를 튼다. 여인에게는 이 순간이 끝이라 해도 상관이 없다. 사랑하는 사람이 이미 끝의 저편에 있기에……

현실로 돌아온 당신은 플라워의 'Endless' 무대가 생각난다. 진정 제목처럼 사람에게 끝이 없으면 얼마나 좋을까?

언제나 아프지 않고 부족함이 없고 평화롭게 공존 할 수 있는 세계가 있다면 얼마나 좋을까? 그리고 그런 세계의 존재에 대한 확신이 있은 채 살아갈 수 있다면 당신이 오늘 살아갈 이유를 찾지 않을까?

어느새 당신의 곁을 찾아온 예수님의 손이 어깨를 두드린다. 당신이 고개를 돌려 그를 바라보자 해맑게 웃으신다. 수현이 자주 보였던 깨끗한 눈송이 같은 웃음이다. 그리고는 하시는 말씀이 당신의 눈물에 젖은 얼굴은 빵 터트린다.

"팩 할래?"

· · ·

팝송을 즐겨듣는 당신은 그린데이(Greenday)의 "지저스 오브 서버비어(Jesus of Suburbia)"를 듣는다. 별로 유익한 가사는 아닌 듯하다. 청소기를 열심히 돌리는 예수님을 흘깃 보니 표정이 일그러져 있다. 당신은 기분나쁜 노래를 얼른 끄고 청소를 도우러 나선다.

예수님께서 즐기시는 노래는 무엇일까? 당신은 예수님의 스토리가 궁금해진다.

그런데 문제가 생겼다. 성경은 읽혀지지 않는다. 특히 누가 누굴 낳고 또 낳고 할 때는 이것은 분명 당신을 놀리려고 성경에 집어넣을 것이라는 생각까지 든다. 도대체 족보가 뭐가 중요하단 말인가? 그리고는 친근한 요한복음을 다시 찾는다. 당신이 가장 이해하기 쉬운 복음서다. 예수님의 스토리의 핵심은 여기 담겨있다 해도 과언이 아니라고 당신은 생각한다.

"그렇게도 스토리텔러(Storyteller)가 되고 싶니?"

예수님께서 물으신다. 그리고는 책을 한권 건네주신다.

당신이 생각 하던 일러스트 성경책이 아니다. 신앙서적도 아니다. 그저 100이라는 숫자가 적혀있는 이상한 책이다.

"이게 뭐예요?"

"스토리 쓰기 좋은 질문 100가지다. 한번 써보고 책 쓰기를 시도해보렴. 글쓰기가 책쓰기보다 좀 더 쉬울 거야. 난 바람 좀 쐬고 올게."

노란 표지의 책을 받아든 당신은 질문들을 살펴보기 시작한다. 예상했던 것보다 흥미롭다.

1. 30초 안에 일어날 수 있는 일은 무엇인가?

당신의 첫 번째 과제다. 질문을 곰곰이 생각하던 당신은 당신의 빨간색 삼성 컴퓨터를 가지고 침실로 간다. 그리고는 엎드려서 한글 문서로 글을 작성하기 시작한다.

처음에는 생각나는 것이 수현이, 오직 박수현 밖에 없다. 그래서 이렇게 쓴다.

모든 것을 잃는다.

너무 짧고 아픔이 전해지는 것 같아 다시 쓴다. 이번에는 좀 길다.

말도 안 되는 상황 속에서 누군가를 만난다.

그래도 과제치고는 너무 짧은 것 같다. 머리를 부여잡고 고민하다 당신은 잠이 든다. 그리고 꿈을 꾸지 않는 휴식도 얼마나 도움이 되는지 얼마나 평안한지를 느낀다.

　　고소한 냄새가 나서 눈을 뜬다. 잠시 낮잠을 취한 당신의 눈앞에는 예수님이 피자를 만드는 위대한 광경이 눈앞에 펼쳐져 있다. 실로 예수님께서 오신 후로 당신의 식단이 조금 더 다양해졌다. 맛있는 것도 많이 먹게 됐고 무엇보다 아침에 눈을 뜨는 것이 즐겁다. 몸무게도 2키로 늘었다. 무엇보다 간식 먹고 나서 혼자가 아닌 예수님과 벚꽃 축제를 갈 생각을 하니 즐겁다.

　　"과제는 잘돼가니?"

　　예수님께서 반죽이 묻은 손을 앞치마에 닦으며 말씀하신다.

　　"뭐, 그저 그래요."

　　"시를 한번 써봐라."

　　"네? 그 어려운 것을요?"

　　예수님께서 당신의 어깨를 툭툭 치신다.

　　"넌 할 수 있을 거야. 짐이나 빨리 챙겨라. 우리 피자 먹고 나가자."

　　"무슨 피자인데요?"

　　"음– 영양피자."

　　갑자기 두려움이 엄습해온다.

• • •

벚꽃이 만개했다는 말이 뭔지 알 것 같다. 눈물이 앞을 가린 채 보던 꽃과는 확실히 다르다. 분홍 벚꽃들이 또렷하고 아름답게 시야에 들어오자 자신도 모르게 한 송이를 꺾으려 한다. 그러다가 멈칫하고 땅에 떨어진 꽃을 줍는다. 꽃도 생명이다. 저렇게 피기까지 얼마나 오랜 기다림이 있었을까?

예수님과 함께 여의도 벚꽃 축제를 즐기면서도 당신은 재잘거리지 않는다. 당신과 박수현의 다른 점이랄까? 오히려 침묵을 즐기며 깊게 생각에 빠져든다. 30초안에 할 수 있는 일이라. 시로 적어 보라고? 가만히 맑은 하늘을 바라보던 당신은 시를 읊조리기 시작한다.

건강하지도 부유하지도 행복하지도 않는 너
하지만 건강, 부와 행복을 가진 그와의 나눈 점이 있다면
바로 지금 주어진 30초

시계가 움직여 시간을 밀쳐낼 때
넌 무얼 하고 있니?
시계와 시간은 가진 자와 못 가진 자의 차이를 줄여주지
그런데 그 사이 넌 무얼 하고 있니?

30초란 같음이다.
세상이 지어놓은 다름을 무너뜨리는 짧은 찰나이자

누군가를 만나 인생을 송두리째 바꿀 수도 있는

사람과 사람 사이의 간격을 벌어지게 하는

다름이다.

눈앞에 감자 핫도그를 발견한 당신은 예수님께 장난스럽게 칭얼대며 사달라고 조르기 시작한다. 예수님께서 꿀밤을 먹이신다. 아프다.

◆ ◆ ◆

두 번째 과제다. 첫 번째 과제를 낭송하는 당신을 말없이 들으시더니 예수님께서 새로운 질문을 손가락으로 가리키신다.

2. 꽃이 죽어가고 있다. 꽃에게 살아야 하는 이유를 말해보라.

수능보다 더 어려운 문제다. 천재들의 모임인 멘사 출신인 당신이 수능을 발로 쳤다면 이건 아마도 두 손을 다 써야 하는 듯하다. 역시 멘사 출신이라는 혜택은 아무데도 없다. 생명을 다루는 시를 쓰라. 이것은 참 어려운 지시다. 당신의 안에서 영혼이 비웃는다. 실은 당신은 매일 시를 짓고 있기에 말이다.

당신은 시도한다. 하지만 타자를 세게 내리치고 만다. 사람인 당신도 살아갈 이유를 잘 모르겠는데 어떻게 꽃이 살아야 할 이유를 말할 수 있겠는가? 한 참을 멍하니 있던 당신은 다시 손을 든다. 그리고 이번에는 피아노 치듯이 매끄럽게 시를 써간다. 당신의 심정이 고스란히 손끝으로 나온다.

꽃아, 꽃아, 네 이름은 뭐니?
뭐라- 한 송이라고?

한 송아, 그렇게도 죽고 싶니?
시들어 너를 낳아준 땅과 만나고 싶니?

나도 마찬가지란다.
과거로 돌아갈 수 있다면
그곳에 묻히고 싶단다.

그래서 송아, 네게 살라고는 하지 않을 것이야
단 너의 아름다움이 땅속에 묻힐 때
너를 그리워할 한 사람이 있다는 것을 기억해줘

난 네가 좋단다
난 가지에서 늘어뜨린 너의 활짝 핀 웃음이 그리울 거야

 과제의 요점에서는 살짝 빗나갔지만 당신은 만족한다. 그리고 추억한다.
또 다른 모습의 수현을 말이다.

◆ ◆ ◆

어느 미장원이다. 허리까지 자란 머리를 갑작스럽게 바꿔보고 싶은 당신은 수현과 함께 미장원을 찾는다. 아니, 수현이 졸졸 따라왔다는 것이 더 정확한 표현이다. 당신이 미장원 자리에 앉아 수현은 말없이 당신의 얼굴을 뚫어져라 바라본다.

똥파리라도 날리듯 당신이 수현에게 한마디를 날린다.

"왜 그래?"

"큰일 났네."

"왜?"

"네가 너무 예뻐서."

식상하다. 당신의 표정에서 지루함을 읽었는지 수현이 손사래를 친다.

"아니, 네가 연애에 대한 책을 읽었는데 누굴 예쁘다고 잘 생겼다고 좋아하면 안 된대. 오래 못 간다네."

당신의 입술이 비뚤어진다. 그러나 당신이 미처 한마디를 더 하기 전에 수현이 수습한다.

"그런데 넌 마음이 안 예쁘니까 괜찮아."

주먹이 울다 못해 날아간다.

"악!"

수현이 비명을 지른다. 그리고는 꼬리 내린 강아지 마냥 당신의 파마가 끝날 때까지 여성 잡지를 뒤적이는 척한다.

당신의 입술에는 미소가 띤다. 이 어처구니없는 상황이 바로 사랑일까?

　매일이 기대되는 때였다. 비록 건강은 없었지만 당신을 쫓아다니는 강아지 덕분에 살맛이 났었으니깐 말이다.
　같은 주제로 또 다른 시가 생각난다.

　살맛나는 사람은
　깨소금 맛 같이 약이 오르고
　설탕 같이 달달하고
　매실 같이 진한
　어이없는
　항상 있는
　졸졸거리는
　존재

　당신의 영혼이 손뼉을 친다. 카타르시스가 바로 이런 것일까? 글로 쓴 추억은 더 이상 아프지가 않다.

∙ ∙ ∙

　생각이 뻥 뚫린 당신에게 예수님께서 한 가지 과제를 더 주시고 잘 자라고 하며 불을 끄신다. 다시 한 번 당신은 꿈나라를 향해한다.

과제는 첫눈에 단순해 보인다.

3. 죽음은 이것이다.

눈물이 핑 도는 것을 느끼며 한 순간에 지쳐버린 당신은 꿈나라로 현실 도피를 한다.

2000년 전이다.

뭔가 타는 듯한 소리에 놀라 하늘을 올려본 당신은 칠흑 같은 어둠속에서 꺼지려고 하는 전등 같은 별을 발견한다. 하늘의 눈동자라도 되는 마냥 참 크다. 그런데 갑자기 별빛이 사라진다 그리고 어느 언덕 위에 굉장한 굉음을 내며 떨어진다.

장면이 바뀐다. 대낮이다. 사람들이 와글거려 제대로 보이지는 않지만 앞에 무슨 구경거리가 있는 것 같다. 궁금해진 당신이 앞을 헤쳐 나가 보니 흉측한 몰골의 남자 셋이 보인다. 그리고 당신은 소스라치게 놀란다. 가운데의 십자가 모양의 나무에 매달려 고통 속에 신음하고 있는 남자는 다름 아닌 예수님이시다. 당신도 모르게 앞으로 뛰쳐나간다. 한 병사가 군중 속으로 당신을 밀쳐 넣는다. 땅에 부딪히며 무릎이 깨진다. 아플 틈새도 주지 않고 당신의 눈빛은 십자가 위의 예수님께 가있다.

왜? 왜? 왜? 당신은 영혼의 울부짖음을 듣는다. 그리고는 쓰러진다.

꿈에서 깬 당신은 예수님을 찾아 온 집안을 헤집고 다닌다. 조증이 파도처럼 밀려오는 것 같다.

"예수님! 예수님 어디계세요?"

베란다에서 바람을 쐬시던 것 같은 예수님께서 울먹이는 당신을 안아 올려주신다. 그리고는 한 말씀 하신다.

"네가 여기서 뛰어내리려 할 때 내 마음을 알아주겠니? 난 널 살렸어. 그런데 또 죽으려고 하더라고……."

. . .

예수님께서 만들어 주신 오므라이스에 케첩을 뿌려 먹으며 당신은 다음 과제를 생각한다.

4. 당신을 화나게 하는 것들

일단 명색이 스토리텔러가 꿈이니 에세이에 도전해 보기로 한다.

영화 《사운드 오브 뮤직(Sound of Music)》의 여주인공 마리아는 자신이 세상에서 가장 좋아하는 것들을 거론한다. 그렇지만 나에겐 좋아하는 것들보다 싫어하는 것들이 더욱 많기에 이것에 대한 글을 적어보자 한다.

나는 눈물이 싫다. 내가 자주 얼굴에 비치는 것이 눈물이긴 하지만 그 짜고 따가운 것이 슬픔이나 고통의 결과물이기에 나는 무척이나 눈물이 싫다.

몇 줄 적은 당신은 화가 난다. 그리고 눈물이 난다. 왜 당신의 감정은 이렇게 생각을 쑥대밭으로 만들곤 할까? 정말 열 받는다. 집중이 되질 않자 자리를 뜬 당신은 예수님께서 뭘 하시나 하고 궁금해 한다. 요즘 예수님께서는 정말 쉴 새 없이 바쁘신 것 같다. 당신이 좋아하는 음식, 청소, 빨래를 도맡아 해주신다. 감사함을 처음으로 느낀다. 역시 당신은 못됐다. 이제야 감사하다니—

　　성은이 망극하옵니다.

5장

·

어느 별에 사는 꽃을 사랑한다면
밤하늘을 보는 것이
달콤할 것이다.

예수님과 함께 소파에서 뒹굴며 대화를 하다가 문득 하고 싶은 말이 생각났다.

"예수님."

"응?"

자신의 수염을 만지작거리던 예수님께서 대답하신다.

"사람을 울려보고 싶어요."

예수님께서 흘긋 쳐다보신다.

"예전에 티비에서 모래로 스토리를 만들어 사람들을 웃고 울게 한 언니를 봤거든요. 전 제 나름의 이야기로 글로써 사람을 울리고 싶어요."

"눈물이 싫다며."

"눈물도 눈물 나름인 것 같아요."

예수님께서 당신의 어깨를 툭 치신다.

"그럼 파이팅이다."

당신이 부끄러운 듯이 웃는다. 하지만 당신의 꿈에 대해서만은 어디서 온 것인지 자신감이 넘친다.

하고 싶은 말은 많고 생각해둔 이야기도 많지만 동화만이 머릿속을 맴돈다. 왜냐고? 동화는 보통 슬픈 시작에서 행복한 엔딩으로 마친다. 로맨틱한 동화는 왕자, 공주, 그리고 웨딩이 꼭 있다. 셰익스피어의 코미디 양식처럼 모든 해피엔딩의 동화는 웨딩으로 끝난다. 당신은 스토리에서나마 행복하고 싶다.

그래서인지 당신은 《어린왕자(The Little Prince)》를 무척이나 싫어한다. 화장실에 앉아서도 읽으며 비판할 정도로 이 책과의 애증관계가 형성되어 있다. 당신은 이 책이 싫다. 그런데 자꾸 끌린다. 엔딩만 바꿀 수 있다면 더할 나위 없이 만족스러울 것 같다. 이 작품은 어른들의 동화 같지만 읽으면 읽을수록 바람둥이 왕자에게 화가 난다. 하나밖에 없는 자신만의 장미를 그토록 노래했으면서도 한 여우에게도 곁을 내준다. 최정 보다 심한 바람둥이다. 물론 로맨틱한 면도 있다. 자신의 장미에게 돌아가고 싶어 하는 왕자의 마음을 당신은 누구보다도 잘 이해한다. 하지만 그 바보 같은 왕자는 사랑스런 장미를 보겠다고 뱀에게 몸을 내맡겨 자살을 하고 만다. 미친놈이라는 소리가 절로 나온다. 그리고 왜인지 가슴이 찔린다. 당신이 어린왕자와 너무 흡사해서 일까?

자살이라. 당신은 열두 번도 넘게 자살을 생각하였고 세 번을 시도 했다. 별로 기분 좋은 경험은 아니었다. 인생의 희로애락에서의 영원한 탈출에 대한 유혹은 컸지만 예수님을 만난 후로는 생각이 조금은 바뀌었다. 어차피 사는 것도 죽는 것도 고통이라면 당신을 쫓는 수현과도 너무나도 닮은 예수님이 계신 곳에 함께 하는 것이 좋을 것 같다.

예수님에 대해서 조금씩 궁금해진 당신은 가끔씩 당신이 그나마 즐겨 읽던 요한복음을 편다. 당신이 읽는 부분은 죽음에 관한 것이다. 갑자기 글이 쓰고 싶어진 당신은 성경을 덮고 스토리를 풀어나가기 시작한다. 이번에는 편지 형식이다. 예수님께 이메일로 보낼까 생각도 해본다.

• • •

예수님, 전 어느 별을 보았어요. 그 별의 죽음을요. 당신이 십자가에 못 박히신 그 자리에 떨어지면서 죽어버렸어요. 죽기 전에 별의 얼굴은 참 말로다 표현 못하게 슬퍼보였어요. 찡그리지도 않았는데 눈물 한 방울 없었는데 참 아파보였어요. 꺼져가면서 제게 이런 말을 하더라고요. 당신의 탄생도 아름다웠다고. 당신의 죽음은 이 세상에 빛이 될 것이라고…….

예수님! 당신은 과연 세상의 빛이신가요? 그런데 왜 전 안 믿기죠? 가까이서 뵈도 좋은 감정은 있는데 그 이상이 생기질 않아요. 사람의 힘으로는 어쩔 수 없는 것이 사람의 마음인가 봐요. 정말 죄송해요. 아직도 박수현을 못 놓겠어요. 마음이 아픈 걸요.

예수님, 전 언제쯤이나 하나님을 아빠라고 부를 수 있을까요? 언제쯤이나 당신의 이름으로 기도할 수 있을까요? 확신이 서질 않아요. 저를 붙들어 주세요.

• • •

예수님께 조용히 부끄럽지만 당당하려고 노력하며 당신은 그에게 편지를 내민다. 가만히 눈물로 얼룩진 편지를 내려다보던 예수님은 갑자기 당신의 팔을 잡는다.

"내 팔을 잡아라."

당신은 하라는 대로 한다.

"놓아라."

놓는다.

하지만 당신의 팔은 여전히 예수님께 붙잡혀 있다.

"이것이 이스라엘식 악수다. 네가 날 놓아도 난 널 놓지 않는단다, 예나야."

그리고는 읽고 있던 책을 마저 읽으시려는 듯 비스듬히 거실 탁자에 기대신다.

"무슨 책이에요?"

"음, 죽음에 관한 책이란다."

"뭔데요?"

"나의 사랑하는 제자 C.S 루이스가 쓴 《헤아려 본 슬픔(A Grief Observed)》이란다. 사랑하는 아내 조이가 신혼 때 내게 오게 되고 남겨진 루이스가 슬픔을 달래며 쓴 글이지. 예나야."

"네?"

"너만 누군가를 잃은 것이 아니란다."

너무나 많은 정보를 한 번에 얻은 컴퓨터와 같이 당신의 뇌가 작동을 멈춘다. 그런데 가슴 속에서는 알 수 없는 뜨거운 것이 올라온다. 그 뜨거움이 에너지가 되어 몸을 힘들게 한다.

"잠깐 나갔다 올게요."

당신은 뜨거운 태양아래 아무도 없는 공원에서 땀을 뻘뻘 흘리며 뛴다. 가슴의 저림이 잠잠해지기를 기다린다.

• • •

난데없는 운동을 다녀온 당신은 요한복음을 펼쳐본다. 당신이 읽던 부분으로 가자 잠이 스르륵 온다. 성경을 펼쳐 둔 채 자는 당신을 예수님께서는 가엾다는 듯이 머리를 쓰다듬고는 침대에 눕힌다. 불을 끈 방에서 홀로 남겨진 당신은 다시 한 번 꿈나라를 헤맨다.

또 골고다.

어두움이 넘쳐흐를 것 같은 하늘 밑에서 피와 물이 나무를 적신다. 이 나무로 만들어진 십자가는 죽음이 이미 스쳐지나간 한 남자가 달려 있다.

당신은 이제 놀라지도 않는다. 울지도 못한다. 바로 이 남자는 예수님이시라는 것을 이미 알고 있었으니깐 말이다. 그리고는 자신도 모르게 이끌려 예수님의 차디찬 발에 입을 맞춘다.

• • •

오늘은 예수님과 외식을 하기로 했다. S냉면을 굳이 아침부터 드시고 싶다는 것이다. 당신은 아침에 면을 먹는 일이 거의 없지만 예수님 말씀을 따르기로 했다. 친구가 있었다면 이러한 느낌일 것이라고 생각하면서 나가기 위해 추리닝 위에 잠바를 걸친다.

면이 입 안에서 살살 녹는다. 이따가 아침 약을 챙겨먹어야지 하면서도 모든 생각을 날려 보낼 것만 같은 달달하고 매콤한 맛이다. 예수님께서도 눈을 지그시 감으신다. 같은 생각이신가 보다. 아침부터 둘 다 냉면을 러브러브하면서 먹는다. 행복하다.

냉면 그릇을 깨끗이 비운 후 T카페에 가서 앉는다. 푹신푹신한 자리와 아늑함이 참 좋다. 곱빼기를 먹었더니 배가 더부룩하다. 소화를 돕는 다고 따뜻한 허브티를 시킨 당신은 예수님께서 맛나게 딸기 스무디를 드시는 것을 보고 급 후회한다. 그런 당신에게 말없이 한입 주시는 예수님이 무척이나 고맙다.

침묵이 좀 지루해질 때쯤 예수님께서 한 마디 하신다.

"옛날이야기 하나 해줄까?"

신이 난 당신은 고개를 끄덕인다.

그리고 스토리가 시작된다.

한 이름 없는 여인이 있었어. 아니, 물론 이름은 있었지만 네가 알 필요는 없으니까 일단 영희라고 해두자. 영희는 남자문제가 많았어. 예나야, 누구나 수현이처럼 한 여자만을 평생 사랑하는 것은 아니란다. 무슨 일이 있었는지는 자세히 말하지 않을게. 그런데 다섯 남자가 삶을 스쳐간 후에 이 여자에게 남겨진 것은 자식도 아니고 끝없이 낮아진 자존감이었단다. 마음이 병들었지. 언제나와 같이 영희가 물을 뜨러 우물가에 가더구나. 난 그녀와의 만남을 기다렸지. 목이 말랐기도 하고 말이야. 그 당시에는 S사의 스무디가 없더구나. 우물가에 앉아서 쉬고 있는데 마침내 그녀가 오더구나. 내가 창조했을 때의 반짝이던 아름다움을 뒤로한 채 세월이 많이 훑고 지나간 얼굴이더구나. 마음이 아팠지. 그런 그녀에게 말을 걸었어. 물 좀 줄 수 있겠느냐고 말이지. 그녀가 내 모습을 살피더니 기겁을 하더구나. 어떻게 유대인인 내가 사마리아인인 자신에게 물을 떠달라고 할 수 있는지 말이야. 마음이 찢어지는 듯 했지. 내가 유대인을 부른 것은 인종차별을 그리도 열심히 하라고 부른 것이 아니었거든. 그녀의 얼굴에는 증오조차 메말라 깊은 슬픔이 자리 잡고 있더구나. 그래서 얘기 좀 나눴지. 그녀의 과거에 대해, 아빠 아버지를 예배드리는 것에 대해, 내가 이 세상에 온 이유에 대해……. 바로 깨닫더구나. 그녀를 향한 나의 마음을. 내 발에 입을 맞추고는 마을로 달려갔지. 영희의 말에 마을 사람들이 모였어. 그리고 그들과 함께 앉아 내가 주는 생명에 관한 이야기를 듣는 그녀의 마음에는 꽃봉오리가 맺히기 시작했단다. 예나가, 너도 꽃을 피울 수 있어.

어디서 많이 들어본 이야기 같았다. 그런데 새롭게 와 닿았다. 이름 없는 사마리아 여인에게 이름을 붙여주니 더욱 더 가까이 다가온 것 같은 이야기였다. 그리고 꿈을 꾸게 됐다. 당신도 예수님의 생명을 먹고 마셔서 그것이 거름이 되어 마음의 꽃을 피우는 꿈을- 그것이 정확이 무엇인지 모르겠지만 아름답고 향기로울 것이라고 확신한다.

이젠 당신도 예수님께 옛날이야기 하나를 들려드리고자 한다.

"제 이야기는 그러니까- 영원에 관한 것이에요."

그렇게 이야기는 시작됐다.

영원. 수현이는 영원이란 생각을 사랑했어요. 그래서인지 열아홉 살 때 제게 청혼을 할 때도 그 말을 사용했죠. 그냥 사랑하니까 결혼해 달라고 하질 않더라고요. 그것도 잘 하지도 못하는 영어로……. 귀여웠어요.

Be my wife(내 아내가 되죠)

In this life(이 생애에서)

And for all eternity(영원토록)

With utmost sincerity(진심을 다해)

Through woes and prosperity(힘들 때와 잘될 때)

Be my life(내 삶이 되죠)

As my wife (내 아내로서)

그리곤 죽어버렸죠. 그게 제 이야기예요.

당신이 힘없이 예수님의 스무디를 바라본다. 차마 눈을 마주칠 수가 없
다. 예수님께서는 침묵을 지키시더니 딸기 스무디를 하나 더 시켜 주신다.
그리고 예수님과 당신은 함께 카페를 나선다.

• • •

오늘은 말없이 예수님께서 과제를 책상에 메모해 놓으신다. 과제를 읽은
당신은 깊은 고민에 빠진다.

5. 어떻게 죽을지 선택하라.

아주 먼 옛날에는 사랑하는 누군가의 품에 안겨 죽고 싶었어요. 그런데 진
짜로 그 사람이 가고나니 그때서야 뒷북치듯 생각이 바뀌더라고요. 사랑하
는 누군가와 한날한시에 가고 싶어요. 당신을 사랑해요, 예수님. 그리고 무

섭지만 몸이 떨려 말을 듣지 않을 테지만 당신과 함께 십자가에 못 박혀 죽고 싶어요. 그러면 더 이상 사랑하는 사람을 잃는 일은 없겠지요. 사랑해요, 예수님. 제가 말을 무뚝뚝하게 해도 당신이 없으면 이젠 못 살아요.

과제를 마치고 조금 쉬고 있던 당신은 책상에 또 다른 과제가 포스트잇에 붙어있는 것을 발견한다.

6. 어떤 사람이 옷을 겹겹이 입고 있다. 왜인가?
레이어드 룩이 아니라면 아마도 세상으로부터 숨고 싶기 때문이겠죠. 자신의 불안감을 옷 뒤로 감춰서 투명인간 같은 삶을 살고 싶어서 일거예요. 제가 그렇거든요. 그렇게 입으면 더 쳐다볼 것이라는 확신이 없으면 이미 이불로 돌돌 말아서 다녔을 것이에요. 전 그런 사람들이 무척이나 이해가 가요. 물론 가끔 제가 심리 상담을 받아야 되는 사람은 아닌지 깊은 고민에 빠지기도 하지만요.

그날 점심, 포스트잇의 과제를 다 푼 당신에게 예수님은 심리 상담을 받으러 가자고 한다. 단박에 거절할 줄 아는 당신이 벚꽃 향이 나는 아늑한 오피스의 대기실에 앉아 있는 것을 보고 당신은 당신이 예수님께 얼마나 순종적으로 변했는지 깨닫는다.

미스터 홍이라는 상담자는 다름 아닌 미술 심리 치료사다. 그게 정확히 뭔지는 모르겠지만 당신이 할 일은 비교적 간단하다. 그림을 서너 개 그리면 된다는 것이다. 미심쩍지만 예수님의 재미있을 것이라는 말씀에 해보기로 한다.

먼저 나무를 그린다. 그 다음에는 집, 가족, 그리고 당신 자신을 그린다. 오랜만에 즐거운 미술 시간을 가진 당신은 결과를 기대하며 기다린다. 당신의 그림 몇 점을 가지고 뭐할지 무척이나 궁금하다.

곧 결과가 나온다. 정리하자면 다음과 같다.

나무: 당신의 나무는 무척이나 연하게 그려졌다. 자신감이 없다는 뜻일 수도 있다. 그러면서도 나무에는 꽃과 열매가 함께 있다. 이것은 당신이 욕심이 많다는 표시기도 하다. 어느 나무에 꽃과 열매가 함께 달린단 말인가? 나무를 비추는 하늘에서까지 당신의 욕심은 끝이 없다. 낮의 해와 밤의 달이 함께 떠있기 때문이다. 나무 자체는 가늘고 힘이 없어 보였으며 거의 보이지 않는 연필 자국으로 그려져 있다. 당신의 자신감과 함께 정체성도 흔들린다고 볼 수 있다.

가족: 당신이 그린 가족은 소파 위에 함께 앉아 있다. 당신은 아빠와 엄마 사이에 앉아있다. 당신 동생도 당신 곁에 꼭 붙어서 아빠 엄마 사이에 있는 당신과 함께 있다. 아빠와 동생은 당신을 바라보고 있고 엄마는 당신의 머리를 쓰다듬는 자세를 취하고 있다. 소파 주위에는 하트 그림으로 가득 차 있다. 이 그림의 뜻은 당신이 사랑과 관심에 깊이 목말라한다는 것이다.

당신: 당신이 그린 당신은 비속에 서있다. 머리를 거의 덮지 못하는 장식용 우산을 든 채 말이다. 비가 스트레스를 상징한다면 당신은 스트레스를

잘 이겨내지 못한다는 것이다. 의외로 간단한 테스트지만 당신에게는 심각한 문제다.

미술 치료 상담을 마치고 나오면서 당신이 예수님께 질문한다.

"예수님 저 이제 어떻게요?"

예수님께서 당신 머리를 쓰다듬으신다.

"어떻하긴, 살아야지."

"그럼 이런 테스트는 왜 했어요?"

"옛날 어느 현인이 말했지. 네 자신을 알라고."

"그러면요?"

"글쎄ㅡ 어떤 변화가 생기는지 보자꾸나. 우선 미장원부터 가자."

"네?"

"속사람을 가꿀 줄 모른다면 겉이라도 가꾸면서 시작해야지 안 그래? 네 풀린 파마가 좀 지저분해 보이더구나."

"네, 예수님."

당신의 얼굴에 생기가 돈다. 솔직히 말해서 당신은 기분이 바뀔 때마다 머리를 한다. 당신의 마음을 알아준 예수님이 고맙기만 하다.

"대신 나랑 약속할 것이 하나 있다."

"뭐요?"

"머리 다 하고 나면 나랑 수요예배 가는 거다."

잠시 머뭇거리던 당신이 힘차게 답한다.

"네!"

. . .

미장원의 열기는 대단하다. 온도가 높다는 것이 아니고 다 예뻐지고 싶다는 일념으로 앉아 있는 것이니 모두다 미에 관에서는 열심당원일 수밖에 없다.

"아니, 뽀글거리는 것 말고 롱 웨이브 있잖아요, 롱 웨이브!"

옆에 앉은 아주머니가 신경질적으로 말한다.

"전 튀는데 그렇게 튀지는 않으면서 튀는 색 해주세요."

"아예 다 확 잘라 주세요."

한 여자가 흐느끼며 말한다.

"손님, 손님은 뭘 원하시나요?"

당신은 거울을 가만히 본다. 예수님 말씀대로 머리가 많이 상해 있다. 가지치기 하듯 잘라야 할 지경이다.

"그냥 상한 부분 다 잘라 내 주세요. 단발도 괜찮아요."

그리고는 40분을 앉아 있다. 예수님께서 예쁘다고 장난스럽게 찡긋거리는 것에 당신도 윙크를 하기도 하고 여성잡지를 보기도 하고 친구 없는 카톡을 들여다보기도 하다가 머리가 다 됐다는 말에 눈을 든다. 당신이 봐도 예쁘다.

찰랑거리는 단발머리를 하고 미장원을 나서는 당신을 예수님께서 훑어보신다. 그리고는 고개를 저으며 어느 한 가게로 데리고 가신다.

"여기 구두 좀 볼 수 있을까요?"

당신은 당신의 양말에 슬리퍼를 신은 발을 보고 부끄러워진다. 그러나 곧 이런 것까지 챙겨 주시는 예수님이 덧없이 고맙다.

쇼핑을 마치고 예배를 드리러 가는 당신은 마치 데이트를 나가는 숙녀 같다. 하늘하늘 거리는 분홍 원피스를 입고 베이지 색 구두를 신고 예수님의 팔을 끌을 의지한 채 나아가는 당신의 모습은 말 그대로 하늘에서 내려온 선녀 같다.

• • •

예배의 열기는 뜨겁다. 새로 나온 찬양이 있어서 못 따라 부르고 있었는데 찬양이 이런 것인가 하고 새삼 가사에 대해 생각하게 된다.

주님 앞에 선 나는
더 이상 서 있을 수 없죠

찬양이 리듬을 타고
제 영혼을 끌어안죠

경배합니다

찬양합니다

제 영이 춤을 추죠

왕 중의 왕 앞에서
나의 왕 앞에서

신령과 진정을 바치죠

아름답다. 당신이 찬양을 따라 부르면서 처음 느낀 생각이다. 그리고 뭔가 고백 같은 연인 같은 그러한 향기를 풍기는 찬양들이 많다는 것을 깨닫는다. 그렇다. 예수님은 우리의 신랑이시다. 남자친구도 아니고 신랑이시다. 당신을 박수현, 그 녀석보다 훨씬 더 사랑하시는 분이시다. 그런데 당신은 어찌했나? 그분을 모른 채하고 성경을 찢어버리고 십자가를 무시했다. 그런데도 예수님께서는 직접 나타나시어 당신을 찾으셨다. 마치 그의 첫 제자를 찾으셨을 때처럼 말이다.

아무 생각도 없고 오직 자기연민에 빠져 살아가는 당신에게 예수님께서는 생각을 하게 만드셨다. 그리고 사랑해주셨다. 하염없이 눈물이 흘러넘친다. 처음으로 느껴보는 은혜의 감격이다. 이 순간이 영원하기를 예수님께서는 기도하고 계신다는 것을 당신은 모른다.

...

일곱 번째 과제다.

7. 당신은 한 시간 뒤면 울 수 있는 기능을 상실하게 된다. 당신의 마지막 울음은 무엇에 관한 것인가?

이미 울어야 할 것에 대한 기능을 상실했죠
우리는 상실의 시대

우리 친구들이 차갑게 식어 바다 속을 헤매도 울지 않죠
우리는 상실의 시대

나라가 나뉘어도, 간첩이 선동하여도 울지 않는
우리는 상실의 시대

이웃이 누군가를 잃어도 메마른 마음을 가진
우리는 상실의 시대

살 수 없는 시대를 살아가죠

그렇다. 당신은 상실의 아픔에 관한 눈물을 흘릴 것이다. 그리고 이제는

이상하게도 당신의 아픔에 관한 것이 아니라 남의 아픔에도 공감하는 눈물을 흘린다. 눈물이 비가 되어 주르륵 흘러내린다. 예수님께로부터 사랑을 배웠기에 남의 고통도 당신의 고통이 되어 버린 것이다.

십자가의 고통이란 이런 것 아닐까? 바로 공감이다.

예수님께서 십자가에서 고난을 받으시면서 지성소를 가리던 천이 찢어졌다. 신과 인간이 자유로이 교통할 수 있도록 예수님께서 믿음의 길을 내주신 것이다. 죽음의 길을 당신은 더 이상 두려워하지 않아도 된다. 홀로 걷는 것이 아니라 예수님과 함께 걷기에 말이다. 예수님께서는 제일 먼저 혼자서 그 가시밭의 길을 걸으셨다. 그러기에 당신의 주님이자 구세주다.

당신이 무릎을 꿇는다.

"하나님 아버지, 제가 죄인이에요. 제가 받은 상처와 고통만을 생각하여 예수 그리스도의 말씀을 불순종으로 모독했어요. 영원토록 사랑받지 못할 죄인을 안아주신 주님께 감사드려요. 그래요. 저 회개해요. 저의 이기적인 생각들을……. 그리고 사랑을 고백 드려요. 저를 위해 십자가를 지시고 골고다에서 숨을 거두시고 저를 고아 되지 않게 다시 살아나신 일 전부 다요. 예수 그리스도의 이름으로 기도합니다. 아멘."

기도를 마친 당신은 이제 예수님의 비전, 곧 사울에게 비춰졌던 환상 같은 임재가 끝났음을 안다. 이제 말씀을 붙들고 살아갈 때다.

"예수님?"

직접적인 대답은 이제 없다. 단지 구원의 확신만이 있을 뿐이다.

• • •

사울에게 임재 했던 예수님의 환상이 지난 지 수개월이 지나고 당신은 스토리텔러의 길을 걷고 있다. 당신의 멘토 조윤재 작가님은 N사 블로그 서핑을 하다 알게 된 존재다. 흥미로운 것이 하나 있다면 그는 자신을 글쓰기 멘토가 아니라 독서 멘토라고 말하는 것이다. 당신이 친근하게 조 파이터라 부르는 그는 정말 전투적으로 독서에 임한다. 하루에 여덟 권씩 밑줄쳐가며 읽는 독종이다. 그러는 그가 당신에게 한 가지 조언을 한다.

"플라워님, 진정한 스토리텔러가 되고 싶다면 먼저 스토리를 알아야합니다."

"이미 스토리를 알고 있는데요? 제 스토리잖아요."

"아니, 의식을 좀 더 넓혀보세요. 당신 이야기 말고 당신 친구의 이야기, 당신 이웃의 이야기, 더 나아가 온누리의 이야기를 들려주는 큰 이야기꾼이 되어보십시오."

블로그에 게재된 전화번호로 이야기를 주고받던 당신은 답답해진다. 온누리에게 전해 줄 수 있는 이야기가 무엇인지 자세히 알고 싶다.

"우리 만나요."

"알고 있잖습니까? 전 원칙상 블로그에서 만난 사람들은 아무도 안 만납니다."

"제 꿈 친구가 되어 주세요."

"……."

"자신의 얼굴을 비출 의사도 없으면서 전번은 왜 공개했대요?"

"알겠습니다. 어디서 만날까요?"

그렇게 당신은 당신 최초의 독서 멘토를 직접 대면하게 됐다. T사 카페에 들어선 당신은 빨강 티를 입고 있다는 그를 찾는다.

아무리 봐도 빨강색 티셔츠가 보이질 않는다. 두리번거리다가 애써 실망한 표정을 감춘 채 돌아서 나가려는 당신의 어깨를 누군가가 툭 친다. 초록색 옷을 입은 한 남자다.

"혹시― 플라워님?"

"예, 조 파이터님?"

생각보다 실물이 나이가 적어 보인다.

"빨강 티가 아니시네요."

"네, 빨았어요. 초록색이 빨강하면 떠오르는 색 같아서……."

기가 막힌 대답이다.

"오늘이 크리스마스예요?"

"죄송합니다― 전 그저……"

"생각보다 젊어 보이시네요."

"감사합니다, 플라워님."

그렇게 첫 만남을 한 조 파이터와 당신은 멘토와 그 제자로서 자리를 이어갔다.

같은 카페에 매일 출근해서 독서토론을 하며 책과 이 세상과 씨름하는 그와 당신은 책만 들면 외나무다리의 원수다. 으르렁거리며 자신의 의견을 놓지 않기 때문이다.

"전 즐기면서 글을 쓸 수 있다고 생각해요. 물론 독서도 마찬가지고요."

"그건 취미생활일 때나 그렇지 플라워님은 이제 프로의 길을 들어섰잖아요. 프로가 짬짬이 놀고 미련스러울 만큼 열심히 전문분야에서 노력해야지 짬짬이 노력하면 안 되죠."

"일이 즐겁지가 않고 속박이 된다면 그것 또한 프로의 정신이 아니죠. 한 분야의 전문가가 그 일이 기쁘지가 않다는데 어떻게 다른 사람들에게 같은 길을 가자고 설득시킬 수 있겠어요?"

"그 말도 일리가 있지만 일을 즐거울 때만 하는 것은 아마추어나 하는 짓이죠. 전문가는 감정이 휘말리지 않고 훈련이 되어야 해요."

"하지만……"

언제나와 같이 오늘도 토론은 무승부로 마친다.

솔직히 말해서 조 파이터의 말이 맞긴 맞다. 그의 조언대로 읽기 싫을 때로 읽고 공부하기 싫을 때도 책을 손에서 놓지를 않으니 서서히 당신은 감정을 이기는 훈련이 되고 있다. 의사 선생님이 당신에게 꼭 필요하다고 말했던 면이다. 조 파이터도 안다. 당신의 감정 컨트롤이 어렵다는 것을……. 그래서 더더욱 밀어붙이는 이유도 있다.

"플라워님은 제가 만난 작가지망생 중 가장 빠른 머리회전과 스토리텔링 감각을 가지고 있어요. 하지만 그런 것들은 당신이 가진 1%죠. 나머지 99%

는 노력으로 채워야 해요."

오늘도 독서 맹훈련이 계속된다. 당신을 아직도 후덜덜 떨게 만드는 조 파이터의 독서 노하우가 있는데 바로 책을 사정없이 다루는 모습이다. 그저 밑줄만 치는 것이 아니라 형형색색의 하이라이터로 표기를 하질 않나, 페이지를 마구잡이로 접기도 하고 심지어 생각이 나는 대로 페이지에 낙서를 하기도 한다.

"그렇게 떨리면 두 권 사서 읽으세요. 하나는 보관용으로."

조 파이터의 단순한 조언이다.

그의 말대로 모든 책을 두 권씩 소장하기 시작한 당신은 거실에는 깔끔한 책들을 그리고 안방에는 당신이 읽으면서 표시하는 책들을 둔다. 내용이 정리가 더 잘되고 기억도 더 잘 난다. 역시 독서 멘토의 코칭이다.

"플라워님께서 독서 코칭을 웬만큼 받으신 것 같으니까 이제 적용해 볼까요?"

조 파이터가 종이를 한 장 내민다.

과제 1: 아이덴티티 찾기. 당신은 누구인가요? 또 누구에게 스토리를 들려주고 싶은가요?

"일주일을 드리겠어요. 오늘은 독서토론 없으니까 일주일 후에 만나요."

당신은 왠지 아쉽다. 조 파이터의 샤프한 눈빛과 날렵한 턱선 그리고 이름 모를 모를 향수 냄새가 당신을 자극한다. 가만있자, 당신이 도대체 무슨 생각을 하는 것이지? 사춘기 소녀도 아니고 말이야. 당신은 마시던 레모네이드를 후르륵 마시고 얼른 자리를 피한다. 당신도 모르게 심장이 세차게 뛴다.

"아이덴티티라……."

당신도 모르게 중얼거린다. 궁금해진다. 당신이 당신을 어떻게 생각하는지 말이다.

조 파이터가 코칭 해준 대로 우선 쭈욱 써내려간다.

나는 한예나. 수년전에 죽은 십대 시절의 사랑을 잊지 못하고 있다. 아니, 잊었나? 이제는 좀 많이 지워진 것 같다. 미안해, 수현아. 이제야 널 놓아주게 됐어. 예수님하면 제일 먼저 떠오르는 단어는 친밀감이고 나 자신을 생각하면 친밀감이 부족한 사람으로 인식된다.

이렇게 주절주절 써놓으니 당신이 얼마나 글을 못 쓰는지 알 것 같다. 앞뒤가 맞지 않고 감정이 앞선다. 글을 지우고 다시 한 번 노력한다.

내 이름은 예나. 나는 세계 제일의 스토리텔러를 꿈꾼다. 내 이야기가 아닌 내 이웃이 공감할만한 이야기를 나누는 법을 배우고 싶다. 그리고 난 조 파이터가 좋다.

음– 마지막 문장만 수정하기로 하고 당신은 다시 글에 몰두한다.

내가 무슨 이야기를 나누던지 테마는 같다. 누구나 인간승리의 꿈을 이뤄 낼 수 있다는 것이다. 나는 편협한 의식으로 자기 자신을 가둬놓는 사람들의 울타리를 무너뜨리는 역할을 하고 싶다. 난 스토리텔러다. 모든 사람들의 이야기를 스토리 형식으로 풀어 한 메시지를 전하는 것이 내 인생의 몫이다. 이 메시지는 바로 희망의 메시지다. 당신을 할 수 있는 정도가 아니라 살 수 있다고 외치는 목소리가 되고 싶다.

나의 메시지를 들려주고 싶은 자들은 한결 같다. 마음이 가난해서 세상의 부요함을 누리지 못 하는 사람들, 세상살이에 마음을 심히 다친 사람들, 자신을 어떤 테두리 안에 가둬버려 나올 수 없는 사람들, 마음을 닫아 버리고 죽지 못해 사는 사람들이 모두 나의 독자다. 이들에게 치유와 자유의 메시지를 선포하고 싶다.

단, 내 메시지와 다른 수많은 자기계발 메시지와 다른 점은 나의 메시지는 살아 있다는 것이다. 예수님께서 내 가장 위급한 순간에 함께 하셨듯이 그들과도 함께 하시기를 기도하며 쓴 글이기 때문이다. 나는 은혜를 입고 이 행복을 나누고자 하는 스토리텔러다.

당신이 마친 과제를 조 파이터 아니, 조윤재 작가님께 보낸다. 그리고 이마에 송골송골 맺힌 땀을 닦으며 상기된 얼굴로 당신의 멘토를 언제 다시 만날까 하고 기대를 해본다.

• • •

조 파이터를 만나러 한껏 멋 부리고 간 당신은 당신의 멘토가 눈길도 주지 않자 삐진다. 그는 무슨 책을 읽는지 책에 푹 빠져 있다. 당신의 심혈을 기울인 소녀틱한 화장과 흰 블라우스에 타이트한 하늘색 청바지를 쳐다봐 주지도 않자 맥이 풀린다.

"과제 잘 받았어요. 시작이 명확하고 좋더군요. 당신의 타깃 독자층을 좀 시적으로 풀이 하긴 했지만 괜찮았어요. 그런데 향수 뿌렸어요?"

"네? 네……."

"난 향수 알레르기가 있어서. 뭐, 다음 과제만 드리면 되니까요. 굳이 왜 여기서 만나야 됐었는지는 모르겠지만 말이에요."

"그냥……"

"네?"

차마 입이 안 떨어진다.

"다음부턴 향수 안 뿌릴게요."

"아− 네, 그렇게 하세요. 그러면 저야 좋죠, 뭐."

조 파이터가 먼저 자리를 뜨려나보다.

이대로 공들여 온 모습으로 그를 보낼 수는 없다.

"저기− 저 남산타워 가보고 싶어요!"

그가 눈을 끔뻑인다.

"가세요, 그럼."

"아니……"

멀어져가는 당신의 멘토의 등을 보며 당신은 한 숨을 내쉰다. 참 잘나가는 멘토이긴 한데 동시에 참 잡기 어려운 남자다.

　홀로 남겨진 당신은 조 파이터가 손에 쥐어준 과제를 읽어본다.

　과제 2: 당신이 죽기 전에 꼭 하고 싶은 버킷리스트 10가지를 적어보세요.

　의외로 간단하다. 재미있을 것 같기도 해 당신은 앉은 자리에서 리스트를 작성하기 시작한다.

　1. TED의 무대에 서서 인간승리에 대한 교훈 나누기

　2. 독서와 책쓰기 NGO를 설립하여 세계적인 작가와 작가 지망생 네트워크를 형성하기

　3. 억 단위가 되는 십일조 할 만큼 성공하기

　4. 특공무술 배우기

　5. 샤워하면서 책읽기(책이 버려질 생각만 해도 손이 부들부들 떨린다)

　6. 사회약자들(노숙자, 미혼모, 고아 등등)을 위한 시설을 죽는 날까지 매해 하나씩 세우기

　7. 육체적으로나 정신적으로 장애가 있는 분들의 무료 숙소 제공과 더불어 직업학교 만들기

　8. 매년 스토리(다양한 장르의) 20권씩 내기

　9. 심리상담 자격증 따기

10. 한라산 꼭대기에서 조 파이터와 키스하기

떨리는 마음으로 당신은 버킷리스트를 메일로 옮겨 적고 passion7749@naver.com에 보낸다.

조 파이터의 답장을 짧고 간결하다. 그날 바로 원래 만나던 카페로 오란다.

카페의 열기가 후끈하다.

"플라워님, 메일은 잘 받았습니다. 그런데 사적인 감정이 좀 들어간 것 같습니다. 단도직입적으로 묻겠습니다. 제가 코치로 보입니까? 남자로 보입니까?"

당신 얼굴이 빨개진다.

"저기— 둘 다면 어쩌죠?"

말을 내뱉고도 눈을 못 마주치겠다.

"그럼 어쩔 수 없죠. 제가 두 배로 열심히 뛰어야죠. 그런데 제게 돌아오는 것은 뭐가 있나요?"

얼굴이 발그레 해진 당신은 조 파이터 볼에 살짝 입술을 갖다 댄다. 그가 피하지를 않자 더 용기를 내어 눈을 감고 입술을 찾는다.

조 파이터의 목소리가 한참 가라앉은 채 말한다.

"예나씨, 거긴 제 코입니다."

빵 터진 당신과 조 파이터는 그렇게 한참을 웃는다.

과제 3은 이렇다. 당신이 글을 쓴다면 제일 먼저 쓰고 싶은 주제와 선택한 타깃 독자층과의 공감요소를 찾아라. (그전에 주제에 대한 책을 서른 권이상 읽어라) 그리고 써라.

조 파이터는 연애와 일은 확실히 구분 짓는다. 당신이 열한권의 책을 찾고는 더 이상 같은 분야의 책을 못 찾겠다고 하자 그러면 당신을 코치하는일은 끝이라고 한다. 그를 실망시키고 싶지 않은 당신은 강남의 교보문고를 뒤지며 당신의 주제에 관련된 책들을 사 모은다. 주제는 미래를 향한 꿈이다. 꿈!

주제: 꿈
타깃 독자층: 낙오감에 빠져있는 어려운 사람들
공감요소: 과거의 고통과 꿈을 통한 현재의 변한 모습

당신은 가만히 생각을 해보다가 컴퓨터 타자에 손을 얹는다. 그리고는 폭풍우 같이 몰아치는 글을 쏟아내기 시작한다.

꿈을 놓다

오리마을에 예쁜 오리가 살고 있었다. 예쁜 오리의 이름은 꿈이었고 언제나 저 높은 하늘을 독수리 아저씨 아줌마들처럼 멋지게 비행하겠다는 꿈을 안고 살았다. 다른 오리들이 꽥꽥거리며 발로 먹이를 찾아 나설 때 꿈이는 되도록 높은 곳에 있는 먹이를 먹으려 애썼다. 이런 꿈이의 꿈을 오리마을에서는 비웃었다.

"오리가 오리다워야지."

"무슨 독수리들처럼 하늘을 날아?"

"오리도 오리 나름이지. 우리 같이 사람이 기른 오리들은 하늘을 높이 못 날아."

"누구 날아본 적 있는 오리-?"

"하하하하하."

이렇게 비웃음 속에서 자란 오리는 서서히 꿈을 잃기 시작했다. 다른 오리들처럼 사람이 뿌려놓은 모이를 쪼아 먹기 시작했고 어느새 살이 너무 쪄 비행은 꿈도 못 꾸게 됐다. 순식간의 일이었다. 마을 오리 처녀들이 말하듯이 역시 살은 빼는 것보다 찌는 것이 더 쉬운가 보다.

통통하게 살이 올라 사람 손에 붙잡혀 이제 황천길에 갈 신세가 된 꿈이는 한탄을 했다.

"내가 그때 마을오리들 소리에 귀를 기울이지만 않았다면……."

하지만 꿈을 놓은 자의 최후는 언제나 비참하다.

조 파이터의 예리한 눈이 당신의 스토리를 훑는다. 이럴 때는 연인 사이의 애틋한 감정도 없나 보다.

"우선 전개가 너무 빠릅니다. 이솝우화도 아니고 이게 뭡니까? 그리고 동기부여가 되지 않습니다. 그저 이렇게 하면 안 된다는 교훈을 주는군요."

"……."

당신의 얼굴이 창피해서 홍당무가 된다.

"그런데… 좋은 아동문학가의 자질이 보입니다. 계속 노력하세요."

"데이트는요?"

당신이 거절을 무릅쓰고 얘기를 꺼낸다.

"과제를 잘 마치진 못했지만 쓸 만한 것은 건졌으니 데이트는 콜입니다. 어디로 모실까요?"

당신의 볼이 더욱 발그레해진다. 조 파이터가 한 없이 좋다. 누군가가 이렇게 좋은 것은 참으로 오랜만이다.

"근데 왜 말 안 놓으세요?"

"먼저 존댓말을 강요한 것은 플라워님, 당신입니다."

"아……"

"그럼 우리 드라이브하면서 어디로 갈지 생각해 볼까요?"

고개를 끄덕이면 당신은 당신의 멘토가 이끄는 대로 간다. 어느새 당신의 손은 자연스럽게 조 파이터의 손에 잡혀 있다.

조 파이터의 차를 본 당신은 눈이 휘둥그레 해진다. 빛이 나는 바다색깔을 자랑하는 이 BMW는 누가 봐도 최신형이다. 게다가 컨버터블이다. 의문이 생긴다.

"작가님, 이거 작가님 돈으로 산거예요?"

"한 시간에 300만원하는 강연료를 받아보세요. 뭐 500에서 700까지 나올 때도 있고……. 제 값어치죠."

"좀 비싸다는 생각이 들지 않나요?"

"그 값어치는 결과가 매겨주죠. 제 강연을 듣고 인생이 변하니 그 정도는 푼돈을 투자해서 굉장한 것을 얻는 것이 아니겠어요? 제가 좀 겸손하죠. 하하."

알면 알수록 매력 있는 사람이다.

"전 어디가 좋은가요?"

"전 플라워님이 절 좋아하는 줄 알았는데요?"

당신도 모르게 마음에 상처가 살짝 팬다.

당신의 그런 마음을 읽었는지 조 파이터가 가만히 당신을 응시한다.

"실은 만나기 전부터 반했어요."

"네?"

"플라워님, 당신의 뛰어난 문장력이 나를 사로잡았다고 할까……. 아니면 귀여운 이모티콘이었나?"

"뭐예요! 사람을 갖고 놀지 말라고요!"

당신은 장난스럽게 조 파이터의 팔을 때린다.

"그럼 가죠."

조 파이터가 차문을 열어주며 말한다.

"어디로요?"

"그건 플라워님 마음이죠."

바람이 선선하게 불어온다. 당신의 마음도 시원해지는 것 같다.

6장

.

단잠은 예술이다.
잠을 위해 종일 깨어 있어야 하기에

　죽고 싶다. 오랜만에 연애라는 것을 해보니 마음이 흥분되어 조증이 도졌나보다. 잠이 안 온다. 괴롭다. 당신이 약을 의사의 처방 없이 평소보다 두 배를 먹고도 잠이 안 오자 당신은 정말 미칠 것 같은 기분을 주체할 수가 없다. 무척이나 피곤한데 잠을 못자니 사람 사는 것이 사람 사는 것 같지가 않다. 전화할 사람도 없다. 친구가 있어야 전화고 뭐고 할 수 있지 않나? 당신은 미리미리 인맥을 만들어 두지 않은 것에 대한 한탄을 한밤중에 한없이 후회하며 한다.

　핸드폰을 만지작거리던 당신은 참다못해 당신의 멘토에게 전화를 건다. 다음날 강연이 있을 수도 있다는 것을 뻔히 알면서 참을 수가 없다. 외롭다.

"여보세요?"

조 파이터의 목소리는 새벽 3시 반인 것치고 너무 깔끔하다.

"미안해요."

당신이 흐느낀다.

"무슨 일 있어요?"

조 파이터의 목소리에 걱정이 배어나온다.

"아녜요. 그냥 잠이 안와서……."

"제가 갈까요?"

"네?"

조 파이터의 제안에 당신은 깜짝 놀란다.

"안 주무세요?"

"원래 이 시간이면 일어납니다."

"그럼……"

당신은 조 파이터의 적극적인 태도에 어쩔 줄 몰라 한다.

"와주세요."

집주소를 알려준 당신은 샤워하고 옷을 갈아입고 과일까지 내놓는다.

새벽 4시가 이제야 됐는데도 조 파이터의 눈빛은 초롱초롱하다. 그런 그의 모습에 당신도 왠지 모르게 기분이 좋아진다.

"플라워님……"

"네?"

"아프죠?"

조 파이터는 당신의 아픔을 알고 있었던 것이다.

"많이 읽어보긴 했어도 직접 조울증 환자를 만난 것은 처음입니다. 제가 플라워님의 아픔을 다 알지는 못하지만 한 가지만 말씀드리죠. 조증이 때로는 꿈을 이루는데 매우 훌륭한 발판이 된다는 것 말예요."

"네?"

어리둥절하며 당신이 눈을 깜빡거린다.

"플라워님께서 말씀하신 TED Talks에도 그런 분이 나온 적이 있어요. 대단한 사업가였죠. 그는 조증 상태일 때 창의력과 추진력이 가장 높아진다고 했어요. 플라워님도 자기관리를 철저히 하면서 글을 쓰면 대문호가 될 수 있어요. 포기하지 마세요. 그리고—"

"그리고?"

"힘들면 기대도 되요. 아직도 모르겠다면 전 플라워님을 많이 좋아하니까요."

• • •

과일을 먹고 수다를 떨면서 새벽을 지새울 생각이었던 당신의 의도와는 달리 당신의 코치는 코치다. 네 번째 과제를 내준다.

4. 즉흥적으로 생각나는 글을 적어보세요. 어느 장르여도 좋습니다. 그런 다음에 한 부분이라도 동기부여가 되는 것이 있다면 설명해 보세요.

당신이 글을 쓰는 동안 과일을 다 먹을 기세로 조 파이터는 또 전투적으로 먹을 것에 임한다. 당신은 공책위에 펜을 갖고 장난치다가 글을 쓰기 시작한다.

아픔을 치유해주는 사람이 되고 싶다. 많은 아픔을 겪은 사람일수록 갖은 아픔을 위로해줄 수 있기 때문이다. 각자의 인생과 그 아픔을 그리고 치유 방법을 제시하는 스토리텔러가 되고 싶다. 우리는 모두 다른 고통의 터널을 지나왔겠지만 바라보는 지평선은 같기 때문이다. 그 지평선은 바로 행복이다.

당신이 쓴 글을 조 파이터가 흘깃 본다. 그의 표정을 읽을 수가 없다. 당신은 글을 계속 쓴다.

우리 모두에게 행복은 동기부여다. 그것이 사람이 됐든 돈이 됐든 간에 사람은 누구나 잘 지내기를 원하기 때문이다. 이들에게 내가 줄 수 있는 것은 나의 경험과 치유의 과정이다.

더 이상 쓸 것이 생각나지 않는 당신은 사과를 한입 배어 물은 조 파이터에게 글을 내민다. 뽀뽀할 때 보다 가슴이 긴장감에 요동친다.
당신의 글을 단숨에 쭉 읽어내려 간 조 파이터는 당신에게 몇 마디를 남긴다. 그리고 그 말이 미래의 당신 글에 힘이 되어 준다.

"당신은 타고난 글쟁이입니다. 하지만 글쓰기와 책쓰기는 엄연히 다른 것입니다. 책을 쓰고 싶다면, 더 많은 독자를 사로잡고 싶다면 경험만 의지하지 말고 독서량을 늘리십시오. 책읽기를 통한 간접 경험이 도움이 많이 될 것입니다."

조 파이터의 말을 깊이 새겨들은 당신은 이제부터 닥치는 대로 독서를 해야겠다는 생각을 한다. 당신의 생각을 읽었는지 당신의 멘토가 제어를 건다.

"물론 당신의 꿈이 소설가이니 인문학고전을 많이 읽어도 좋습니다. 좋은 필체를 익히기 위한 수단이죠. 하지만 주제에 대한 명확한 이해력을 높이고 싶다면 자기계발서를 많이 읽으십시오. 그리고 힘들 때는 이렇게 제게 전화를 주시는 것도 좋지만 명언집을 읽는 것도 효율적으로 시간을 쓰는 방법입니다. 제가 아무리 일찍 일어난다 해도 플라워님 외에 다른 고객들의 집에 새벽에 찾아갔겠습니까? 아니죠. 혼자서도 문제를 해결하는 방법을 찾아야지 진정한 동기부여가 될 수 있습니다."

그러고는 다섯 번째 과제를 주고는 당신의 집을 떠난다.

과제 5: 소설과 자기계발서의 차이점을 적어보시오.

당신은 이 과제에 앞서 독서를 좀 해야겠다는 생각을 한다. 그래서 마음을 다잡고 아침 열시까지 독서를 하다 잠이 든다.

당신이 푼 과제는 이러하다.

소설	자기계발서
1. 스토리가 흥미롭게 전개 된다.	1. 쉽게 읽힌다.
2. 주제를 상상할 수 있다.	2. 주제를 단도직입적으로 말해준다.
3. 캐릭터 몰입이 된다.	3. 자신을 뒤돌아보게 한다.

두 가지 장르 모두 동기부여를 할 수는 있다. 하지만 시간이 모자란 많은 현대인들이 소설형식보다는 자기계발서를 택한다는 것을 알 수 있었다. 그렇지만 동시에 소설이 더 술술 읽히는 맛이 있기에 이것이 꼭 잘 못 됐다고는 할 수 없다. 무슨 장르부터 먼저 도전해볼까? 당신은 슬슬 글쓰기가 아닌 책 쓰기에 재미를 붙이기 시작한다. 이것도 다 다량의 독서를 권장한 당신의 멘토 조윤재 작가 덕분이다.

이번에는 과제 없이 글을 써본다. 사실상 연애편지다.

조 파이터님,

방금 뵈었는데 또 보고 싶네요. 하하.

과제는 다 풀고 쓰는 편지니까 너무 뭐라 하진 마세요. 저도 열심히 하고 있다고요.

별 하나에도 별 둘에도 조 파이터님이 생각나네요. 어떻게 살면 저런 모습이 됐을까? 성공의 또 다른 이름이 조윤재 작가님이었나 하고요.

저도 멋진 차를 타고 자신감 있게 인생의 추월차선을 타고 달리고 싶어요. 이왕이면 하얀색 람보르기니가 좋겠죠? 하하. 꿈이 너무 허황되나요? 그래도 제가 제 삶에 대해 그린 큰 그림을 조 파이터님께서는 이해해주실 것이라 생각돼요.

그리고 또 얘기하고 싶었던 것은 저도 조윤재 작가님을 많이 좋아해요. 코치님이 아니라 남자로요. 제가 새벽에 추한 몰골 보여드렸는데 도망가지 않으셔서 고마워요.

조 파이터님 멋집니다.

당신은 좋아한다고 고백하고 싶었지만 차마 먼저는 못하겠다는 생각이 든다. 그래도 여자의 마지막 남은 자존심이 있지 않는가? 뭐, 실상은 고백을 한 것이나 다름없다.

· · ·

여섯 번째 과제를 받아 든 당신은 조 파이터의 눈치를 살핀다. 어제 편지를 이메일로 보냈는데 답도 없고 만났는데 반응도 없다. 당신을 좋아한다는 것은 무슨 뜻이었나? 동정심? 마음이 아려온다.

"뭐, 그렇게 눈치를 볼 것까진 없고요. 플라워님, 전 좋아한다면 좋아하는 사람입니다."

조 파이터가 마치 당신의 생각을 읽었듯이 말한다.

당신의 얼굴이 새빨개진다.

"누가, 뭘, 언제, 왜, 착각……."

그리고 말을 못 잇는다.

빨개진 얼굴로 우선 과제부터 풀어보기로 한다.

과제 6: 당신은 아마도 여러 장르를 조금씩이나마 써봤을 것입니다. 이제 시와 가장 흡사한 아니 시라고도 할 수 있는 노랫말을 적어보십시오. 멜로디는 가슴에 안고 손으로는 가사를 적어 보십시오.

악상이 바로 떠오른다. 그런데 무엇에 관한 노래를 짓지?

노래는 없다
매일 밤, 구슬피 울부짖는 당신의 영혼에게는 노래는 없다
아무리 질러 봐도 선율이 죽은 당신의 삶에는 노래는 없다

지르고 지르고 또 질러 살려 달라 세상을 향해 부르짖어도
목을 치고 올라오는 소리를 음악으로 재탄생 시키려 해도

노래는 없구나, 없어
당신의 인생에
노래는 없다

분명 과제는 하나인데 당신도 모르게 음악에 이끌리어 또 적는다. 이번에는 당신이 즐겨듣는 팝 장르가 발상의 근원지다.

One Song

Swaying and spinning

Free movement

I sculpt the air with poses

Before a royal audience

My king watches enraptured

By the grace of his lover

Everyday I dance

To the rhythm of the wind

Maturing before mysterious eyes

Stuck on me

　당신의 전공이 디자인인 것 치고 영어로도 꽤 노래를 잘 지었다고 자부한다. 아마도 팝송을 즐겨듣는 취미활동의 힘이랄까? 이 노래는 성경의 에스더 왕비가 목숨을 걸고 왕 앞에 나아갈 때 왕의 눈에 비친 한 용감하고도 아리따운 여인의 모습을 그리고자 한 것이다. 에스더의 목소리로 왕의 눈길을 묘사하고 있다.

스스로에게 감동 먹기 전에 조 파이터의 따가운 눈총이 느껴진다.

"국어 실력부터 닦으시죠."

윽, 당신에게는 정말 아픈 말이다. 스토리텔러가 국어실력이 모자라다니…….

"장난입니다. 첫 시도치고는 잘 하셨습니다."

근엄한 표정의 조 파이터가 장난이라니 당신은 원망어린 눈빛을 그에게 보낸다.

"그런 눈으로 보지 마십시오. 귀엽습니다."

당신이 용기를 내어본다.

"그럼 좀 귀여워해주시죠."

"제가 삼류 소설 주인공이 아니라 죄송합니다. 아무 때나 표현하는 스타일은 아닙니다. 좀 자제해주시죠."

당신이 또 졌다.

"일곱 번째 과제입니다."

조 파이터의 손에는 아무것도 들려있지 않다.

당신이 궁금증에 가득 찬 얼굴로 그를 올려다본다.

"아무것도 없는데요?"

"이제 자신의 책을 쓰십시오. 자기계발서도 소설도 좋습니다. 단지 이제 자신이 무슨 이야기를 전하고 싶은지 아시니 전하십시오. 저는 이만……"

"이제 안 만나는 거예요?"

당신이 다급하게 외친다.

"-예나씨 남자친구만 하겠습니다. 허락하신다면요."

얼굴색이 돌아온 당신이 조 파이터 품에 안긴다. 행복이 이렇게 따스한 줄 몰랐다.

자신에게 갑자기 와락 안긴 당신을 내려다본 조 파이터의 얼굴에는 놀란 표정이 역력하다. 그것은 당신이 안긴지 몇 초도 안 되어 그의 품에 안긴 채 잠이 들어버렸기 때문이다. 당신이 과제 때문에 신경을 많이 쓰긴 썼나보다.

• • •

아직 단잠에 빠지기에는 날이 길다. 당신은 당신만의 책을 쓰기 위해 온 집안을 서성거리고 있다. 이 과제는 조 파이터가 하라 해서 하는 것이 아니다. 더 이상 그가 코치로써 관여할 단계는 지났다. 이제는 당신만의 고독한 창의성과의 싸움이 있을 뿐이다.

우선 당신은 장르를 택했다. 소설이다. 그런데 제목이 문제다. 아무리 생각해도 당신이 원하는 제목이 떠오르지가 않는 것이다. 한 참을 고민하다 당신은 익숙한 시부터 적기 시작한다.

그 여자

시 제목을 뚫어져라 쳐다보던 당신은 시를 짓기도 전에 소설 제목이 떠오른다. 바로 《여자의 그 물건》이다. 더 이상 당신의 코치가 아닌 조 파이터에게는 아무 말도 없이 당신은 2주간 페인처럼 소설 집필에 전념한다. 조 파이터의 연인으로서 오는 연락만 간간히 받고 쓰는데 열중하는 당신, 한예나는 아름답다.

《여자의 그 물건》

그 여자의 어린 시절은 동화였다. 언제나 핑크빛 하늘하늘한 원피스에 샛노란 머리띠를 한 그녀는 하나의 별처럼 빛났다. 세상물정 모르는 그런 그녀에게 부모님은 오직 한 가지 교육만 했는데 바로 "상처를 받아도 너무 깊게 받지 말라"는 것이었다. 이 말을 이해하지는 못했지만 귀담아들었던 그녀는 먼 훗날 이웃들이 그녀가 죽은 목숨이라고 할 때 그녀를 살릴 수 있었다.

그녀가 스무 살이 되자 먼 훗날이었던 미래가 현실이 되어 버렸다. 별꽃이 피던 밤이었다. 입사귀가 변해서 가시가 되며 엉겅퀴가 자라며 궁궐 같은 집을 에워쌌다. 가시를 피해 음식과 물을 구하러 밖을 나가려던 아버지는 보라색 찔레나무에 찔려 독이 올랐고 몇 날 며칠을 앓다가 돌아가셨다. 그렇게 허망하게 아버지를 떠나보낸 어머니는 슬픔에 젖어 눈물에 익사했고 그녀는 홀로 남겨졌다. 그녀의 이름은 정인이었다.

정인의 공주 옷은 빛이 바래 누더기가 되었고 그 누구도 돌봐주지 않는 성에서 그녀는 산딸기와 버섯을 먹으며 세월을 보냈다. 그러나 그녀는 부모님이 가르쳤던 대로 고아가 된 상처를 깊게 생각하지 않았다. 세상의 일들에는 다 그만한 이유가 있으려니 하는 조그만 여자 아이였다. 그렇게 7년의 시간이 물 흐르듯 흐르고 정인은 희망을 잃어버린 여인으로 살아갔다. 희망 없이 숨을 쉴 수 있다는 사실에 놀랐고 살아 숨을 쉬는 데도 희망이 없다는 사실에 더욱 더 놀랐다.

어느 날이었다. 정인이 동화책에서 읽은 것처럼 백마 탄 왕자님이 가시덤불을 뚫고 그녀 앞에 서 있는 것이었다.

여기서 당신은 가만히 이야기의 전개를 묵상한다. 등장인물들이 살아 움직이듯 당신의 생각을 넘쳐흐르게 한다. 그리고 그렇게 글은 써졌다. 115페이지 분량의 소설을 불과 3주 만에 완성한 당신은 마지막 몇 장을 다시 훑어본다.

그제야 정인은 깨달았다. 그녀의 어머니가 머리에 씌어준 노란 머리띠는 평범한 머리띠가 아니었다는 것을 말이다. 어릴 적 머리띠라 인식했던 그 물건은 그녀의 왕관이었고 나라의 보물이었다. 정인은 옆에 쓰러져 자신의 아버지와 어머니가 걸어갔던 죽음의 길을 가려하는 왕자를 붙들고 속삭였다.
"여자의 물건 하나하나에는 다 의미가 있어요. 당신은 그것을 너무 늦게 알았을 뿐이죠. 저를 배반하지만 않았어도 이 숲이, 이 가시덤불이 그대를 살려뒀을 텐데……."

당신은 이상한 통쾌함을 느끼며 이야기를 마친다. 여자를 배반한 남자의 죽음을 즐기기라도 하듯 한 번 더 읽고 기분 좋게 미소를 짓는다. 카타르시스의 절정이다.

• • •

커피 향이 은은히 퍼지는 카페 안에서 오랜만에 만난 당신과 조 파이터는 침묵하며 마주앉아있다.

"무엇이든 자기 멋대로군요."

조 파이터가 무거운 침묵을 깬다.

"네."

당신의 답은 간단하다.

"데이트를 이렇게 오래 안 해주는 여자는 처음 봤습니다."

당신이 빙그레 웃자 조 파이터도 미소를 머금는다.

"글 잘 읽었습니다. 피칭은 제가 도와드리고 싶습니다. 작품이……"

"좀 많이 모자라죠?"

"아니, 대단합니다. 제가 꼭 피칭해 드리고 싶습니다."

당신과 조 파이터는 도란도란 당신의 이야기에 대한 꽃을 피우며 시간을 보낸다.

누군가와 같은 꿈을 가진다는 것이 이렇게 대화에 이렇게 활력을 불어넣을지는 미처 몰랐다. 이것은 수현이와도 없었던 일이다. 박수현. 이제는 놓아줄 수 있을 것 같다. 당신의 수현이는 과거의 로맨스로 그렇게 묻혀나갔다.

．．．

　당신과 조 파이터의 데이트는 평범한 것과 거리가 멀다. 당신이 단 하루 만에 No25에서 베스트셀러가 된 책을 쓰고 나서부터는 불꽃 튀는 라이벌 게임이 시작되었다.

　오늘의 과제는 둘을 위한 것이다.

　먼저 당신이 말을 꺼낸다.

　"용기, 집중력, 도전, 게으름이 있는 스토리를 100글자로 이야기 해봐 요."

　조 파이터는 당신의 제안에 잠시 놀랐는지 가만히 있다.

　"할 수 없나요?"

　"아니, 당연히 할 수 있습니다. 잠시 당신에게 쉴 틈을 줬을 뿐이에요."

　"그럼 지금 시작하죠."

　경쟁에 재미 들린 당신이 말한다.

　조 파이터의 글: 용기와 도전 그리고 집중력과 게으름은 나의 인생 스토리 다. 나는 스무 살 때 특전사에 자원입대해 하늘과 땅 그리고 산과 바다에서 하는 산전수전을 다 겪었다. 그리고 더 이상 용기를 낼만한 도전이 없어지자 제대해 온 집중력을 다 해 글을 쓰고 있다. 내 사전에 게으름은 없다.

　조 파이터의 글을 센 당신이 이를 드러내어 웃으며 말한다.

"여덟 글자 넘으셨네요. 이번에는 제 차례입니다."

당신의 글: 나는 용기를 내어봤다. 무모한 도전인지 알았지만 그의 사랑을 꼭 얻고 싶었다. 언제나 그리움의 향기를 입은 그는 이미 지나간 사랑을 바라보고 있었다. 하지만 내 영혼의 온 집중력은 그를 향했고 내 사랑을 쟁취하기 위한 열정은 게으름을 피울 줄 몰랐다.

당신의 글을 눈에 힘까지 주며 세고 또 다시 센 조 파이터는 두 손을 든다.

"제가 졌습니다. 당신은 타고난 천재입니다. 하하."

"그죠? 저 천재 맞죠?"

"네, 제 사랑스러운 천재 여친님."

조 파이터가 눈을 찡긋거린다.

정말 글이라는 것은 즐거움 그 자체다. 왜 옛날 선비들이 기생들과 놀면서 시를 읊었는지 알 수 있을 것 같다. 글도 하나의 놀이문화가 될 수 있다는 사실에 당신은 놀라워하고 있다.

당신과 조 파이터에게는 한 가지 특징이 있다. 바로 월요일병도 불타는 금요일도 없다는 것이다. 언제나 글을 가까이 하고 글이 일이자 놀이의 근원이기에 노동이라는 개념이 아예 없는 생활을 하고 있다. 일반적으로 노동시간은 자유시간의 대가다. 하지만 당신이 가장 즐거워하는 것을 일로써 취미로써 사랑으로써 선택한 당신들에게는 항상 기쁨만 있을 뿐이다. 축복이다.

• • •

인생이라는 놈이 알려주는 것과는 달리 축복은 꼭 삶을 통해서만 나타나는 것이 아니다. 죽음을 통해서도 나타난다. 하지만 죽음이라는 인생의 탈고가 이렇게 빨리 갑작스럽게 찾아올 줄은 꿈에도 몰랐다.

• • •

《오늘 내가 살아갈 이유》를 읽던 당신은 조심스레 페이지를 접고 책을 덮는다. 위지안이라는 총명한 여인이 시한부 판정을 받고 쓴 글이다. 당신처럼 말이다. 글 말고 시한부 판정이란 것이 당신과 이 여인을 엮어준다.

조 파이터와는 헤어진 지 오래다. 그에게 알리고 싶지 않았기에 깔끔하게 손편지로 마무리했다. 눈물로 얼룩진 종이를 보이고 싶지 않아 서너 번 다시 쓴 편지를 그에게 건네주고는 말없이 카페를 나왔다.

조윤재 작가님께,

저는 이미 인생의 추월차선을 탄 작가입니다. 그런데 작가님께서는 인도에서 뛰는 것으로 만족하시는 것 같더군요. 제가 작가님께 배울 것은 다 배운 것 같습니다. 더 이상 제 발목을 붙잡지 말아주세요.

한예나 작가 드림

카페 문을 열고 나오는 당신은 울지 않았다. 조 파이터의 황당한 표정도 돌아보지 않았다. 그저 가슴이 먹먹할 뿐이었다.

당신은 이제 시한부 인생, L-disease라고 불리는 이 병은 아이러니하게도 닉네임이 Love Disease다. 가슴이 타는 듯한 아픔과 더불어 맥박이 빨리 뛰고 호흡이 가팔라지는 이 병은 증상들이 짝사랑을 할 때와 비슷하기 때문이다.

하지만 이제 당신은 예전의 한예나가 아니다. 박수현의 헌신적인 사랑으로, 예수님과의 동거로, 그리고 조 파이터와의 깊은 우정으로 행복을 맛본 여인이기 때문이다. 육체는 날로 연약해져가지만 당신의 마음에는 꽃봉오리가 성장하여 어느새 활짝 피울 준비를 하고 있다.

당신의 영혼이 노래한다.

드디어 나는 서서히 살아나고 있죠
아픔이 거름되어 행복을 꽃 피우고
새장은 무너져 새를 자유로이 놓아주네

그렇다. 당신은 시계가 똑딱똑딱 시간을 흘려보낼수록 완벽한 자유에 가까워진다. 대부분의 사람들은 이런 때가 되면 죽기 전에 가고 싶은 곳들을 생각하지만 당신은 다르다. 죽기 전에 답하고 싶은 리스트가 있다. 그것도 100가지가 넘는다. 이중에서 10가지만 골라 답하려고 노력하다 죽어도 더 이상의 소원이 없겠다고 생각하는 당신이다. 아직은 죽음이라는 단잠에 빠지기 전에 열심히 깨어있어야 할 시간이기 때문에 당신은 오늘도 삶을 산다.

맨 처음으로 답할 당신의 질문은 이것이다.

1. 나는 흉터를 치유했는가?

글쎄다. 나는 내게 상처를 준 인생을 여전히 증오한다. 다시 살 수 있다면 어떻겠냐고 나 스스로에게 던진 질문에도 눈물만 난다. 치유가 고통에서의 자유라면 나는 아직 완치되지는 않았지만 쾌차 중인 한 인간이다. 이상하다. 나쁜 것은 상황인데 아픈 것은 나다. 내 마음의 흉터는 여전하다. 하지만 흉터는 더 이상 치유될 필요가 없다. 단지 치유의 흔적일 뿐이니깐 말이다.

시간이 촉박하다. 맥박이 빨리 뛴다. 이런 당신에게 조 파이터의 얼굴이 떠오른다. 무표정한 듯하지만 오만가지 생각을 다 품고 있는 그 얼굴을 당신은 과거 속으로 고이 보낸다.

2. 나는 죽는 연습을 했는가?

한 번도 제대로 죽는 연습을 한 적이 없다. 죽음이 한 순간이 아니라 과정이라면 나는 아직 1단계도 밟아보지 못한 사람이다. 그렇다. 사람은 누구나 서서히 죽어가고 있다. 하지만 시간의 태엽이 좀 더 빨리 돌아갈 때 과연 준비 된 사람은 몇이나 되겠는가? 나는 오늘 처음으로 죽는 연습을 한다. 죽는 연습의 시작은 놓아주는 것이다. 사랑하는 사람의 얼굴이 맴돌아도 그대로 보내는 일이다.

그리고 당신은 매끄럽게 멈추지 않고 글을 집필하기 시작한가. 마치 당신이 위지안이라도 되듯이……

3. 나는 세상에게 선물을 하나라도 주고 가는가?

아직은 아니다. 하지만 내 생애 마지막의 남자인 조 파이터에게 꼭 주고 가고 싶은 선물이 있다. 아직은 기도하고 있다. 연약한 나대신 강한 베프를 그에게 보내달라고 매 순간 기도한다.

4. 나는 더 좋은 사람이 되고 있는가?

글쎄다. 죽음이 다가오고 있다는 것을 급작스럽게 깨닫게 된 나는 이제야 나 자신을 돌아보게 된다. 인생의 거짓말 곧 내가 무력하고 나의 생애는 무의미할 것이라는 그 말을 이제야 간파한 나는 삶이 참 헷갈린다. 내가 지금 더 잘 살고 있는지 더 좋아졌는지는 하나님 앞에 서야 알 것 같다.

5. 나는 마지막 날에 하고 싶은 일을 아는가?

나는 매일을 마지막 날처럼 산다. 이렇게 살기에 마지막 날에 하고 싶은 일을 매일하고 있다. 그것이 바로 글쓰기다. 글은 내가 뒤늦게 발견한 나의 천직이다. 그래서 매 순간이 마지막이 될 수 있을지라도 계속 쓴다.

6. 나의 인생 최대의 관심사는 무엇인가?

내 머릿속을 맴도는 사람은 조 파이터지만 실은 그가 만날 내 생애 다음의 여인이 내 인생 최대의 관심사가 되어버렸다. 그녀가 나보다 예쁠지, 그녀로 인해 그가 나를 빨리 잊을 수 있을지가 바로 그 관심사다.

7. 나는 이야기가 끝난 후에 여운을 남기는 사람인가?

그러고 싶다. 내 인생의 막장이 내려와도 나를 알았던 몇 사람만은 나를 기억해 주기를 바란다. 기억되는 삶이 가장 의미 있는 인생이 아닐까?

8. 나 자신에게도 말하져 않았던 그리고 인정하기 싫은 비밀은 무엇인가?

나는 연약하다. 강인한척, 죽음이 두렵지 않은 척, 오히려 마지막 순간을 바라는 척하며 살아왔지만 나는 죽음이 가끔씩 두렵다. 특히 심장이 터질 듯이 빨리 뛸 때는 공포가 엄습해 온다.

9. 내가 잃어버린 나는 누구인가?

나는 작가다. 하지만 더 일찍 작가가 될 수 있었다. 컴퓨터 타자위에 손을 얹고 써보기만 했어도 내 인생이 달라졌을 텐데 라고 후회한다. 나는 작가 된 나의 모습을 잃어버렸다.

10. 내가 마지막으로 하고 싶은 일은 무엇인가?

목이 마르다. 시원한 냉수 한잔하고 그리운 예수님 곁으로 가고 싶다.

글쓰기를 마친 당신은 다시 읽어보지도 않는다. 책 쓰기처럼 완성도가 있어야 되는 것은 아니기 때문이다. 가슴을 부여잡는다. 통증이 심해졌다. 지금이다. 여자에겐 일생에 한번 냉정해져야 할 순간이 온다. 어지러움을 뒤로한 채 바닥에 쓰러진 당신은 마지막으로 기도한다. 숨이 멎는다. 그리고 당신은 인생 최고의 단잠에 빠져든다. 예수님께서 왜 이리 늦었냐고 꿀밤을 먹이시는 꿈을 꾸며……. 그의 뒤에는 수현이 웃고 있다. 드디어 당신은 인생이란 놈의 손아귀에서 벗어났다.

7장

·

시련을 통과한
그를 신뢰하라.

한국행 비행기에 오르려고 치앙마이 공항에 서성거리는 한 여인이 있다. 바로 당신의 기도 응답이다. 인생이란 놈은 당신을 배신했지만 이 여인은 강하게 살아남기를 그래서 당신이 사랑하던 생애 마지막 남자의 곁을 지키기를 그렇게 당신은 기도했다. 그리고 수지라는 여인은 바람에 이끌리듯 비행기를 타고 서울로 이사 왔다.

"엄마, 밖에 에어컨 튼 것 같아."

인천 공항을 나오며 수지가 짐을 확인하느라 바쁜 어머니께 말한다.

"으-응."

"시원하구나."

아버지로 보이는 남자가 말한다.

"수혜 언니, 잠바 입어. 춥다."

코를 훌쩍이는 언니를 자상하게 챙겨주던 수지는 맑은 하늘을 본다. 역시 지구의 어느 편에서 보나 하늘은 똑같다. 이 같은 하늘 아래 자신의 운명이 있을 것이라고 그녀는 아직 생각도 못한다.

• • •

수지는 그동안 과외를 해서 모은 돈으로 계약한 원룸에서 두 다리를 쭉 뻗는다. 가족도 다시 홍콩과 태국으로 갈라져 떠났고 자신은 이제 일생일대 의 한국에서의 삶을 개척하려 남겨졌기 때문이다.

아나운서가 되고 싶었다. 어렸을 때부터 예쁘다, 똑똑하다, 말 잘한다, 글 잘 쓴다는 말을 듣고 자란 그녀는 꼭 방송인으로 성공하고 싶다. 세상에 외 치고 싶은 말이 너무 많았기에 방송을 하고 싶다.

그래서 수지는 보물지도를 만든다. 벽에다 걸어둔 그녀의 인생지도에는 올해 안에 꼭 방송에 나오기를 바라는 소망으로 도배되어 있다. 그리고 한 쪽 구석에는 뒤늦게 생각한 듯 '멋진 한국 작가 만나기'라고 적혀 있다. 그 작가가 그녀에게 남자로 다가올 줄은 누가 알았겠는가?

아직 무슨 일로 한국생활을 시작할지 마음을 못 정한 수지는 B카페에서 시원한 아메리카노를 한잔 마시고 있다. 테이블에는《어른들을 위한 동화 You: 언젠가 마음의 꽃을 피울 당신에게》를 펼쳐 둔 채 생각에 잠겨 있다. 인생을 다시 시작한다는 것은 가슴 설레는 일이다.

어깨까지 깔끔하게 떨어지는 머리를 빨간 고무줄로 올려 묶으며 수지는 인생계획을 세운다. 우선 독서량을 늘리기로 했다. 그동안 한국말로 된 책을 읽고 싶어도 쉽게 접할 수 없던 것이 이제는 강남 K문고에 가면 바로 볼 수 있다는 사실에 가슴이 뜨겁게 뛴다. 한 때 작가 지망생이었던 그녀에게 독서는 숨 쉬는 것과도 같은 것이다. 이제 마음껏 책을 읽을 수 있다니 수지는 기쁠 뿐이다. 리허설이 없는 인생 한번 당차게 살아 보자라고 생각하며 그녀는 책을 손에 쥔다.

책은 흥미롭다. 그런데 엉덩이에 쥐가 나기 시작한다. 몸을 풀며 카페 안을 둘러본 그녀는 한 남자와 눈이 마주친다. 어딘가 슬픈 얼굴이다. 잠시 그와 눈을 마주치다가 다시 책읽기를 시작한 그녀는 아무생각이 없다. 그녀에게 조 파이터는 카페의 한 손님일 뿐이다.

・・・

여러 달이 흐른다. 방송에는 별 성과 없이 지내던 수지는 한 이름 있는 영어학원에 지원서를 낸다.

자기소개서

저는 국정원급의 스파이 자질을 가진 사람입니다. 그래서 어학원에서 절대적으로 필요로 하는 인재랍니다. 이게 무슨 황당무계한 말이냐고요? 제 성장 배경을 알게 되시면 이 주장에 설득력이 있다는 것을 자연히 이해하시게 될 것입니다.

저는 우리나라의 서울에서 태어나 만 2살 때 부모님을 따라 태국으로 갔습니다. 태국에서 고등학교를 졸업한 후 미국으로 가 2년 동안 대학과정을 밟다가 어린 마음에 향수병이 생겨 가족이 있는 태국으로 돌아와서 대학과정을 마쳤습니다. 한국에서 받은 정규과정은 중간에 초등학교 2학년과 3학년 1학기를 다닌 것이 전부입니다. 그런데 저는 한국어, 영어, 태국어 모두 유창합니다. 심지어 세 나라말 모두 표준어를 구사하기 때문에 제 성장배경을 알게 되는 사람들은 모두 놀라곤 합니다.

특히 저를 처음 만난 미국인들은 제가 한국인이라는 것을 알면 많이들 놀랍니다. 그들이 제게 주로 하는 말이 "당신은 악센트가 없어"인데 실제로 TESOL공부를 해보니 제 악센트는 '네트워크 스탠더드' 악센트라고 해서 지역적 억양이 배제된 말투입니다.

저에 대해 잘 모르는 한국인들은 제가 한국에서 언론학과를 나온 줄로 오해할 때가 종종 있습니다. 제가 글과 말에서 막힘이 없기 때문입니다. 또한 제가 외국에서 평생을 보냈음에도 불구하고 일반적으로 교포들이 가지고 있는 느낌과 이미지가 없기 때문이기도 합니다.

저는 태국어도 유창합니다. 고급 수준의 태국어를 구사한다는 의미라기보다는 어린 시절부터 태국어를 자연스럽게 습득하였기 때문에 모국어처럼 사용한다는 의미입니다. 실제로 태국 사람들은 제게 유명한 한류 여배우들을 닮았다고 말하다가도 "나 진짜 한국 사람이야"하면 웃습니다. 그들은 제가 태국의 북쪽 여자로서 표준어인 태국 중부지방의 언어를 잘 구사하는 사람으로 알고 있습니다.

이와 같이 저는 어떠한 문화권에 들어가도 높은 수준의 어휘력 뿐 만이 아닌 각 문화권에서 선호하는 태도와 말투를 표현할 수 있습니다. 이래서 제가 스파이의 가장 중요한 자질인 어휘력과 문화이해력을 가짐으로써 언어를 다양한 레벨과 관점에서 가르치기에 적합한 사람이라 생각하는 것입니다.

또한 저는 특성 자체가 가르치는 일에 적합한 사람입니다. 우선, 저는 영어를 좋아합니다. 그중에서도 영문학은 더더욱 열정적으로 사랑합니다. 이와 동시에 저는 사람을 좋아합니다. 그리고 제게 맡겨진 학생은 책임감 있게 사랑으로 가르칩니다. 그리고 제 성격유형이 대인관계를 좋아하고 공부와 일도 동시에 좋아하는 것입니다. 저는 성실합니다. 그러면서도 즉흥적으로 일 처리 하는 능력도 뛰어납니다. 예를 들어 태국의 명문 중고등학교에서 근무하던 시절, 동료 교사가 결근을 하여 제가 그 시간을 갑자기 대신 맡아야 했을 때, 저는 그 학생들이 사회학 시간에 배웠던 학습 내용을 영어 에세이로 정리한 후 발표하게 하고 아이들이 자주 틀리는 말들을 교정해 줬습니다.

저는 학창 생활을 할 때도 '걸어 다니는 책벌레와 사전'이라는 별명으로 알려졌으며 동시에 활달함과 리더십이 요구되는 반대표도 여러 번 했습니다.

제가 어학원에 지원하게 된 동기는 다른 학원과 달리 영어와 한국어를 자유자재로 구사하고 가르칠 수 있는 사람을 필요로 하기 때문입니다. 저는 앞으로 학생들에게 문법이나 대화만이 아닌 그들이 공부하기 원하는 문화권의 문학까지 섭렵하여 이 글로벌한 시대에 영어를 외국어로 잘하는 정도가 아니라 영어권의 외국인보다도 언어를 수준 있게 잘하는 인재로 키우고 싶은 포부가 있습니다. 한국 사람이 국어를 다 같은 수준으로 잘하지 않듯이 미국인도 다 영어를 같은 수준으로 잘하는 것이 아니기 때문입니다. 길거리의 거지도 구사하는 영어가 아닌, 클린턴과 오바마 대통령 수준의 언어 능력을 갖춰야 외국어를 배우는 보람이 있는 것이라고 생각합니다.

그러나 아이들과 일을 사랑하면서도 마음 한 구석에는 방송을 하고 싶다는 생각이 자리 잡고 있다. 그렇기에 가끔씩은 현실이 우울하다. 아나운서 학원에 다닐까도 생각하지만 이상하게도 빈 시간에 독서를 하면 할수록 글을 쓰고 싶다는 생각이 든다. 학원보다는 방송이 방송보다는 책이 더 훌륭한 메시지의 매개체가 되지 않을까라는 생각을 한다.

사실 수지는 어릴 적부터 작가를 꿈꾸던 아이였다. 글을 미처 다 떼기도 전부터 그림책을 보며 책 만들기 놀이를 하던 꼬마 숙녀였다. 자라면서 인생이 그렇게 만만하지 않다는 것을 배웠고 소설가가 되면 굶어죽기 십상이라는 것을 알았기에 그녀는 펜을 놓았다. 그러나 일생생활의 연속이 무미건조하게 변할수록 그녀는 돌파구를 굶주린 듯이 찾기 시작했다. 매일 틈틈이 책도 읽었지만 어린이를 위한 동화도 쓰기 시작했다. 자신이 가르치는 아이들에게 영어보다 더 큰 삶에 대한 메시지를 보내고 싶었기 때문이다. 이런 그녀는 운명이 다가오고 있다는 사실을 몰랐다.

＊ ＊ ＊

　사실 10대들에게는 딱딱한 자기계발서보다 교훈있는 동화가 더 적합하다는 생각을 안고 살아온 수지다. 그런 수지가 자기계발서 작가이자 코치인 조 파이터를 만나게 됐다는 사실 자체가 그렇게 아이러니 할 수가 없다.

　더더군다나 그들이 만난 시간은 예배 중이다. 언제나와 같이 두 팔을 높이 들고 예배를 올리던 수지는 I교회에 오기를 잘 했다는 생각을 한다. 다음 예배 시간까지 쉬는 동안 잠시 앉아 있었던 수지는 자신에게 말을 걸어오는 남자에게 눈길이 간다. 처음 만났는데도 자신감 있게 사람들에게 인사를 하고 자신을 맞이해주는 이 남자가 누군가 싶다.

　"조윤재 작가입니다."

　"아, 작가세요?"

　수지가 되묻는다.

　"그렇다고 말한 것 같은데요."

　조 파이터가 빙긋이 웃는다.

　자신이 조 파이터가 생각하는 누군가와 많이도 닮았다는 것을 모른 채 수지는 대화에 깊이 빠져든다.

　"대구가 아니라 태국이라고요. 아이참."

　수지의 말에 조 파이터가 또 다시 미소를 짓는다.

　이 남자가 참 해맑게 잘 웃는다는 생각을 하는 그녀는 조 파이터가 실로 웃음을 지은 지 참으로 오랜만이라는 것을 알 턱이 없다. 그와 전화번호까지 주고받은 수지는 교회의 한 일원으로서 그를 바라보며 생각한다. 자신도 작가가 될 수 있을까라는 생각이 그녀를 괴롭힌다. 실로 이렇게 꿈을 꿔보는 것도 한참만이다. 일에 찌들어 지낸지 너무 오래인가 보다.

한국에 아는 사람도 거의 없고 시간이 남는 날에는 심심하다 못해 죽을 것 같이 지루한 그녀는 조 파이터에게 먼저 전화를 걸어본다.

"안녕하세요, 누나?"

굵직한 목소리가 수지의 전화를 받는다.

"바빠?"

어쩌다보니 말을 트게 됐다.

"아뇨. 왜, 저 만나고 싶으세요?"

"좀 심심해서……."

"그럼, 이태원에서 만나요."

"미안한데 내가 서울지리를 잘 몰라. 교회 근처는 어때?"

약속을 잡은 조 파이터의 마음이 요동치고 있다는 사실을 전혀 모른 채 수지는 좀 덜 지루한 주말을 보내러 집을 나선다.

함께 물회를 열심히 먹다가 궁금한 것을 잘 못 참는 그녀가 먼저 말을 한다.

"그런데 왜 별명이 조 파이터야?"

"하하. 워낙 전투적으로 책을 읽어서요."

"그래? 얼마나 읽길래……."

"평소에 하루 여덟 권 정도 읽고요, 요즘은 하루 열권까지도 읽어요."

"우와. 나도 독서광인데 너한테는 쨉도 안되네. 큭큭."

갑자기 배가 아프다.

"누나, 회 먹으면서 그렇게 물마시면 안돼요."

"윽. 미리 말해주지……"

수지가 화장실로 달려간다.

그 엉거주춤한 뒷모습을 보며 조 파이터는 사랑스럽다는 듯이 웃는다. 그리고 물회를 한입 크게 먹는다. 오랜만의 소소한 행복이다.

• • •

수지와 조 파이터는 그렇게 자주 만나기 시작한다. 만나면 주로 하는 이야기가 책에 관한 것뿐이었지만 바로 그랬기에 그들은 행복하다. 심지어 책 제목으로 카톡을 보내며 서로를 깨워주기도 한다.

조 파이터: 누나, 일어나시죠. 김택근의《새벽》.

수지: 알았어, 동생아. :) 베르나르 베르베르의《웃음》.

그렇게 또 다시 한 해가 져가는 동안 둘의 마음속에는 알 수 없는 감정이 싹트기 시작한다. 조 파이터의 황폐해진 마음속에도 싹이 자라 꽃을 피운다.

그날도 여느 날과 같은 만남이다.《내 인생 5년 후》를 심도 있게 토론하고 영화나 한편보고 헤어질까 하던 순간 조 파이터의 입이 열린다.

"우리 커플카페 갈까요?"

아직 한국문화에 익숙치 못한 수지는 모든 것이 그저 흥미롭기만 할 뿐이다.

"뭐야. 커플카페가 뭔데? 그래, 가자."

그렇게 들어선 카페의 내부는 여느 카페와는 뭔가 느낌이 다르다. 곳곳에 자그마한 소파에 기대어 커플들이 영화를 보거나 기대어 앉아 있다. 분위기가 영 어색하다. 수지가 의문을 가진 표정으로 조 파이터를 보자 그가 우선 앉아 있으라며 와플을 주문하러 자리를 피한다. 뭐, 상황이 이해가 잘 가진 않지만 카페 안은 확실히 따뜻하다는 생각을 하며 수지는 그녀의 노란색 카디건을 벗는다.

함께 자리를 잡은 조 파이터와 수지는 알 수 없는 침묵에 사로잡혀 있다. 무엇에 이끌렸는지 수지가 조 파이터의 어깨에 살짝 기댄다. 그러다 조 파이터가 먼저 말을 꺼낸다.

"누나, 계속 그러시면 안 됩니다."

"뭘?"

조 파이터는 설명도 해주지 않는다.

"저도 남자입니다."

"뭐?"

순간 앉아 있다 싶었던 조 파이터의 몸이 움직인다. 날렵하다. 그리고는 소파에서 수지의 몸을 짓누른 채 한 마디 한다.

"괜찮아?"

몸이 깔려있는데 괜찮을 리가 없다는 수지의 말이 나오기도 전에 조 파이터가 그녀의 입술을 입술로 덮는다. 놀란 토끼 눈을 한 수지가 반항을 하지 않자 조 파이터가 귓속말을 한다.

"이젠 말 놓는다, 수지야."

그렇게 어둑한 불빛 아래서 한 커플이 탄생한다. 밖에서는 하늘의 별들도 축하해주는 것 같은 맑은 밤하늘이 그들 위를 서성거린다.

• • •

11월 20일이다. 수지와 조 파이터가 사귄지 17일만이다. 책으로 맺어진 그들답게 수지가 책을 집필하기 시작한지 딱 열흘이기도 하다. 그리고 수지의 생일이다.

조 파이터가 생일선물로 어떤 책을 줄까하고 내심 기대하던 수지는 조 파이터가 내민 종이에 실망한다. 그 종이를 읽고 나서는 실망이 당황으로 바뀐다.

"이게- 내 생일선물이야?"

"응."

"이거 혼인신고서 아냐?"

"응."

"나랑 결혼하자는 거야?"

"응."

영화의 한 장면이라면 아마도 수지는 우아하게 이 대목에서 쯤 기절했을 것이다. 그렇지만 현실은 다르다. 선택을 해야 하는 것이다.

한참을 말없이 있던 수지가 갑자기 입술을 가볍게 깨문다. 조 파이터의 눈에 포착된 그 순간은 사랑스러움의 극치다.

"그래, 하자."

수지의 말에 조 파이터는 웃음을 짓는다. 그리고는 그녀를 업고 동네방네 뛰어다닌다. 삶은 과연 쟁취하는 자의 것이다.

• • •

인생이라는 시련을 앞서 통과한 당신이 그들의 행복에 답하듯 웃음 짓고 있다.

에필로그

인생이란 게임에서는 시련을 통과한 자가 승리를 한다. 살면서 기쁨, 슬픔, 분노, 좌절, 희열 등의 경험이 사람을 단련시키기 때문이다. 물론 인생은 거짓말을 즐겨 한다. 당신은 매일 선택의 기로위에 서있다. 단 한가지의 선택이다. 웃을지 울지는 당신이 결정하라. 그런데 한 가지 알려주고픈 비밀이 있다. 아프기 때문에 살기 힘들다는 인생은 픽션이라는 것, 그래서 죽음이라는 탈고를 통해 삶을 마주 한다면 웃을 일밖에 남지 않을 것이라는 것……. 당신이 루저라고 거짓말하는 인생이란 놈은 픽션이다. 오직 이 사실만이 논픽션이자 진리다.

하지만 여기서 간과해서는 안 되는 것이 있다. 죽음이라는 탈고를 마주하기 전 자신의 원고가 감히 이 탈고를 감당할 수 있는지 생각해봐야 한다. 만일 삶의 주인공인 당신이 준비도 되지 않은 채 인생의 엔딩(ending)을 맞이한다면 과연 그리운 얼굴들을 볼 수 있겠는가? 예전에 한 현인이 말했다. 그리운 자가 자신에게로 돌아올 수는 없겠지만 자신이 언젠가 때가 되면 갈 수 있을 것이라고…….

희망을 가져라. 마음의 무너진 성벽을 재건하고 절대로, 절대로 포기하지 마라. 그를 아니 그들을 잃었는데 어떻게 사냐고? 거창하게 일을 벌이지 마라. 그냥 조촐하게라도 살아가라. 때가 되면 당신의 원고도 탈고 될 것이니깐 말이다.

언젠가 이 세상의 픽션이란 놈도 끝이나 당신도 웃음 지을 수 있는 날이 오기 때문이다.

진정한 승리자는 오직 당신이다.